ASSISTÊNCIA ESPIRITUAL E MEDIUNIDADE

Perguntas e Respostas

EQUIPE DE APOIO À MEDIUNIDADE

ASSISTÊNCIA ESPIRITUAL E MEDIUNIDADE

Perguntas e Respostas

Aliança

1ª edição, Janeiro/2020, 1º ao 3º milheiro

TÍTULO
Assistência Espiritual e Mediunidade: perguntas e respostas

AUTOR
Equipe de Apoio à Mediunidade

REVISÃO
Equipe de Apoio à Mediunidade

DIAGRAMAÇÃO
Aline Cantelle

CAPA
Aline Cantelle

IMPRESSÃO
Rettec Artes Gráficas e Editora Ltda.

FICHA CATALOGRÁFICA

Dados Internacionais de Catalogação na Publicação (CIP)
— Câmara Brasileira do Livro | SP | Brasil —

Assistência Espiritual e Mediunidade : perguntas e respostas / Equipe de Apoio a mediunidade. -- 1 . ed. -- São Paulo : Editora Aliança, 2020.

ISBN: 978-85-8364-081-3

1. Espiritismo 2. Espiritismo - Doutrina 3. Espiritismo - Estudo I. Equipe de apoio a mediunidade. II. Título

20-32493 CDD-133.90107

ÍNDICE PARA CATÁLOGO SISTEMÁTICO:

1. Espiritismo : Estudos : Doutrina espírita 133.90107

Iolanda Rodrigues Biode - Bibliotecária - CRB-8/10014

EDITORA ALIANÇA
Rua Major Diogo, 511 - Bela Vista - São Paulo - SP
CEP 01324-001 | Tel.:(11) 2105-2600
www.ditoraalianca.com.br | editoraalianca.com.br

Súmario

Parte I

Parte II

Parte III

Parte IV

Artigos de O TREVO

Explicação Necessária

O presente trabalho, elaborado pela Equipe de Apoio à Mediunidade, destina-se aos integrantes do movimento da Aliança Espírita Evangélica.

Pode, sim, ser consultado por irmãos de outros segmentos espíritas, os quais saberão compreender que as explanações contêm especificidades quanto à forma de conduzir a ação nos Centros Espíritas que adotam o programa da AEE-Aliança Espírita Evangélica, na sua organização e administração. Tais leitores notarão, porém, nos seus fundamentos, a perfeita identidade com o compromisso Espírita no campo da mediunidade conforme o legado de Kardec, reafirmado por Edgard Armond na criação dos cursos de desenvolvimento e da assistência espiritual aos necessitados.

Incontável é o número de obras sobre o tema Mediunidade, produzidas por Espíritos encarnados e desencarnados de elevadíssima envergadura e insuperável competência. A várias delas recorremos como preciosa e inesgotável fonte que são.

A nós, apenas coube procurar contribuir, despretensiosamente, para a melhoria do entendimento e da prática da "mediunidade com Jesus" nas tarefas da Assistência Espiritual, Cursos de Médiuns, Capacitação de Dirigentes, Grupos Mediúnicos e demais setores das Casas de nossa Aliança.

Baseamo-nos em perguntas que nos foram direcionadas pelos GA-Grupos da Aliança, surgidas em diversas situações e ambientes: dentro das reciclagens individuais por Casa, reciclagens regionais, RGA-Reunião Geral da Aliança, Encontros de Mediunidade e outros. Além disso, criamos uma consulta ao movimento da Aliança Espírita Evangélica, através de seu Conselho de Grupos Integrados, convidando os Centros a enviarem as dúvidas surgidas na rotina diária de suas atividades.

Ademais, selecionamos textos publicados em nosso periódico *O Trevo*, ao longo de sua história e os incluímos neste volume.

O conjunto, depois de revisado por Casas Conselheiras que se propuseram a isso, foi apresentado como concluído, em reunião do CGI-Conselho de Grupos Integrados do dia 6 de abril de 2019, na mesma ocasião em que era finalizado o "Manual do Dirigente do Curso de Médiuns".

Ressaltamos que as Casas revisoras, através de voluntários estudiosos e experientes no campo da mediunidade, após leitura e apresentação de sugestões de aperfeiçoamento, responderam afirmativamente a quesitos, no sentido de recomendar a divulgação deste material para o movimento da AEE.

Assim, acreditamos que sua utilização representa suporte adequado às relevantes tarefas de assistência espiritual, de cursos, de organização das Casas e de aprimoramento de indivíduos e de grupos.

A Equipe Mediunidade tem como proposta aprimorar este material, neste ou em outros volumes, ou em novas edições, quando oportuno, objetivando melhorias que se mostrem adequadas, diante de estudos e contribuições futuras, colhidos junto ao movimento.

Agradecemos aos companheiros que, ao longo do tempo e antes de nós, dedicaram-se a ajudar na solução de impasses e a dirimir as incertezas no campo da formação de médiuns e da aplicação prática da mediunidade em nossas Casas Espíritas.

Fraternalmente.

Equipe de Apoio à Mediunidade da AEE.

Introdução

Lamentável engano pensarmos que é possível assumir-se mandato mediúnico com Jesus, sem que sejam promovidas decisivas modificações em nossa conduta.

E não se trata de estabelecer alterações provisórias, eventuais ou que se prestam apenas para algumas ocasiões.

Ressalte-se que estamos falando de mediunidade no Espiritismo, dentro desta bela tríade "Filosofia-Ciência-Religião".

Efetivamente, a mediunidade considerada fora do Espiritismo reduz-se a mediunismo.

No livro *O Espírito e o Tempo*, J. Herculano Pires comenta que a palavra "mediunismo" foi criada por Emmanuel para designar o fenômeno em sua expressão natural.

Assim, elucida que "mediunismo são as práticas empíricas da mediunidade".

Depreendemos daí que estão contempladas em tal conceito as manifestações espontâneas, instintivas, inconscientes, involuntárias, deseducadas e as práticas mágicas, sincréticas, ritualísticas, primitivas.

Referido autor argumenta, ainda, na introdução da obra citada (*Preliminares*), que sem o exame histórico do tema – já que manifestações mediúnicas sempre existiram – os estudantes "... arriscam-se a confundir, como fazem os leigos, mediunismo e Espiritismo" e que "... Arriscam-se, ainda mais, a aturdir-se com fatos mediúnicos rudimentares, considerando-os, por sua aparência extravagante, como novidade".

Cumpre-nos lembrar de que somente com Kardec surgiu o vocábulo "Espiritismo". Apenas com o Espiritismo adveio o real e elevado sentido do que é a "mediunidade".

O Espiritismo é maior do que o conjunto dos diversos fenômenos mediúnicos. O Espiritismo é uma Doutrina. O mediunismo é, no mais das vezes, objeto da antropologia e da sociologia.

Edgard Armond, orientado por Espíritos Instrutores, formulou um programa que facilita sobremaneira nosso aprendizado. As aulas do Programa do Curso de Médiuns, corretamente aplicadas, seguramente eliminam muitos escolhos no direcionamento de nossas faculdades, o que não nos isenta da responsabilidade de sempre maior aprofundamento e aprimoramento.

Um Instrutor Espiritual nos advertiu que: "Nas escolas leigas, para selecionamento de candidatos, não há exames vestibulares e concursos? Assim também para nossos trabalhos, não é bastante que as pessoas recebam Espíritos, vejam Espíritos, recebam ideias e emitam fluidos, para serem incluídas em correntes bem organizadas, pois que, na certa, serão elementos negativos, não produtivos, e as comunicações e o intercâmbio não serão feitos em ordem, com fidelidade; é esta a razão por que muitos centros espíritas fracassam, degeneram e não podem progredir."

Quanto a nós, dirigentes de cursos de médiuns: é para nós lícito apenas acreditar no fenômeno em si, sem alicerçarmos nosso conhecimento? Não estaríamos, dessa forma, preparando alunos talvez crédulos, mas sem base legítima e segura?

Aos que somos dirigentes de Assistências Espirituais: se fôssemos mais dedicados ao conhecimento das obras básicas e das obras complementares reconhecidamente idôneas, além de estudiosos dos Programas estabelecidos pelo próprio plano espiritual para nossas atividades, não evitaríamos em nossas Casas Espíritas muitos problemas que passam pelo misticismo, fatalismo e outras extravagâncias que em nada colaboram com a Doutrina?

Quando esses tipos de dificuldades não encontram posicionamento fundamentado por parte dos dirigentes de Cursos, de Casas, de Assistências, o Centro e as atividades tendem a se afastar da essência do trabalho sério e realizado com conhecimento de causa.

Não foi justamente contra a ignorância que Armond tanto trabalhou? Pois não foi ele mesmo que propôs que o médium se apropriasse de suas faculdades de modo a exercê-las com atitude responsável e consciente?

Aprendizes, Servidores e Discípulos, o Espiritismo nos oferece princípios, *"... convidando-nos à aplicação pessoal dos mesmos em nossas vidas individuais, e sua natural extensão, pelo ensino e o exemplo, ao meio em que vivemos. ...Por isso ensinava o Cristo que o Reino de Deus está dentro de nós, e que não começa por sinais exteriores."* (*O Espírito e o Tempo* - J. Herculano Pires)

RELAÇÃO DAS PERGUNTAS RECEBIDAS PELA EQUIPE MEDIUNIDADE

Parte I - Mediunidade e Espiritismo

01) Irmãos que ingressaram ou concluíram escolas em outros Setores da FDJ (Federação, União Fraternal, Setor III) podem iniciar tarefas em nossos Grupos ou necessitam refazer a escola?

02) A pintura mediúnica é uma manifestação da espiritualidade. Os quadros podem ser comercializados?

03) Nos dias de hoje, qual a preparação ideal e possível para colaboradores espíritas de grandes cidades como São Paulo?

04) Em nosso movimento, muito se fala sobre alimentação, bebidas alcoólicas e tabagismo, como se não existissem outros vícios, inclusive impedindo que o aprendiz continue seu processo formativo em etapas mais avançadas; está correta esta postura?

05) No caso da alimentação, qual tipo de carne deve ser evitado e com qual antecedência?

06) No caso de bebidas alcoólicas, a abstinência necessária é de dias ou de horas?

07) O que é mais relevante: a preparação física ou a mental-emocional do colaborador?

08) Quase todas as casas espíritas possuem um aviso de que "o silêncio é uma prece". A quem ele é dirigido?

09) Se o médium deixa de trabalhar ele perde a mediunidade?

10) Uma pessoa que está hospitalizada, em estado de coma, pode dar uma mensagem por intermédio de um médium?

11) O que é animismo?

12) O animismo está presente nos médiuns que fizeram o Curso de Médiuns?

13) Qual o grau de animismo mínimo do médium?

14) Quais as causas mais comuns de quedas dos médiuns?

15) Quais as qualidades de um bom médium?

16) As qualidades de um bom médium podem ser desenvolvidas ao longo do Curso de Médiuns?

17) O que é vampirismo e como ocorre?

18) Qualquer tipo de perturbação espiritual é sempre prenúncio de mediunidade em eclosão?

19) Há voluntários que, na preparação por ocasião do início dos trabalhos, têm o costume de "envolver" os cômodos, a mobília, o chão, teto e paredes, pedindo a limpeza do ambiente e sua higienização. Podemos julgar correto este procedimento?

20) Nos trabalhos de vibrações pelos necessitados, além do nome e endereço será necessária a citação dos detalhes do caso, para que as energias sejam melhor canalizadas?

21) Como o Plano Espiritual Superior se comporta numa Casa Espírita onde há desavenças e intrigas entre os médiuns?

22) Faço o Evangelho no Lar com livros como *Fonte Viva* e obras similares. É necessário utilizar *O Evangelho segundo o Espiritismo*, ou posso continuar com esta prática?

23) No Evangelho no Lar, podemos vibrar pelos suicidas, ou existem tarefas específicas e mais recomendáveis para este fim?

24) Por que alguns médiuns dormem durante algumas atividades?

25) Qual a melhor forma de aprimorar nossa mediunidade?

Parte II - Atividades Mediúnicas - Curso de Médiuns - Grupos Mediúnicos

01) O que são os Grupos Mediúnicos? Podemos chamá-los de colegiados mediúnicos?

02) Que tarefas executa o Grupo Mediúnico?

03) Para a análise de fichas de assistidos, como devemos proceder?

04) O que dizer sobre a importância das reciclagens para os Grupos Mediúnicos?

05) É conveniente que desde a 1ª aula teórica do Curso de Médiuns se permita que alunos atuem mediunicamente, recebendo mensagens nas aulas?

06) Justifica-se que a inscrição para o Curso de Médiuns seja feita apenas para alunos do 3º ano de EAE – e não na aula 48 do curso – alegando-se quc o aluno "não pode abrir seus canais" no 2º ano, sob pena de, desistindo da EAE, tornar-se um indivíduo perturbado?

07) Por que não há um aprofundamento no treinamento referente a Grupos Mediúnicos e P3B, no curso de médiuns?

08) Há Casas que oferecem o "Módulo Passes" separadamente do Curso de Médiuns. É correta essa postura?

09) Para a realização das verificações de fichas ou mesmo casos à distância, são necessárias as informações de dados pessoais dos assistidos?

10) Como libertar as pessoas da necessidade de verificação de orientação do Plano Espiritual?

11) Por que é importante para os Grupos Mediúnicos a utilização das "quatro regras de ouro" sugeridas por Edgard Armond? Por que alguns grupos não as aplicam?

12) O que é "limpeza psíquica"? Quais são seus objetivos? Como realizá-la? Qual é o perfil dos voluntários desta tarefa? Com que frequência devemos realizá-la? Como se sugere que seja feito esse trabalho ("limpeza psíquica") nas Casas da Aliança?

13) O que é "samaritanos à distância"? Quais são seus objetivos? Como se realiza? Qual o perfil dos voluntários desta tarefa? Com que frequência devemos realizá-la?

14) Alunos do Curso de Médiuns podem ou não estagiar no Grupo Mediúnico analisando fichas? Pode fazer um estágio secundário, apenas observando a tarefa, para ganhar experiência?

15) O que é "refazimento" no final dos trabalhos?

16) Como executar a corrente de limpeza e reposição de energias?

17) Para tal corrente é necessário o autopasse, ou mesmo aplicar passes de limpeza uns nos outros?

18) Qual a destinação que se deve dar aos papeis e fichas de assistidos que utilizamos em diferentes atividades?

19) Quanto aos Grupos Mediúnicos, o que é recomendável e o que não é recomendável aos voluntários desta atividade?

20) O livro *Vivência do Espiritismo Religioso* é para ser seguido em todo o seu conteúdo, ou interpretado e aplicado no que for possível ou viável?

21) Como agir com as fichas onde não são colocados dados suficientes para a localização dos interessados, no caso de algum retorno?

22) Como devem ser tratados os casos onde não percebemos melhora ou qualquer evolução dos assistidos? Continuam indefinidamente os tratamentos? Continuam indefinidamente as vibrações à distância?

23) Quando não estamos bem (pequenos males físicos ou indisposições em geral) é aconselhável trabalhar mesmo assim? Podemos ser encaminhados para alguma tarefa da Assistência Espiritual?

24) Na falta de voluntários para formação de mais de um GM-Grupo Mediúnico, podemos exercer no mesmo dia qualquer uma das atividades indicadas para os GM? (Exemplo: análise de fichas, exames de alunos, casos de "Samaritanos" e outros).

25) Após o término da aplicação do tratamento P3B a alguns assistidos, podemos utilizar o mesmo Grupo para análise de fichas de assistidos?

26) Temos a orientação quanto à duração do trabalho do Grupo Mediúnico. O que fazer quando terminamos mais cedo? É permitido avançar este horário em dias onde há mais fichas?

27) Que fazer com alunos do Curso de Médiuns que apresentam dificuldades para sentir as "cinco fases"?

28) Como agir com médiuns que "nada sentem" nas diferentes atividades mediúnicas da Casa?

29) Por que alguns voluntários se sentem mal (com alterações na respiração e no batimento cardíaco, dores de cabeça, etc.), quando há perturbação envolvendo casos analisados no Grupo Mediúnico, ou mesmo na sala de passes?

30) Na sala de passes os dirigentes estão sempre recomendando vibrações de paz, saúde, amor e outras emissões elevadas. Como saber se estamos doando estas energias?

31) Como agir no Grupo Mediúnico, quando há divergência quanto à indicação do passe ou tratamento? (Exemplo: dois médiuns indicam P2, e dois médiuns indicam CH).

32) Divergências quanto às informações nas análises de fichas podem indicar ação de Espíritos inferiores que querem prejudicar os trabalhos? As entidades que estão ligadas aos casos podem causar estas divergências?

33) Qual a condição ideal para que um voluntário possa dirigir trabalhos, cursos, e atividades de aprimoramento ligados à mediunidade?

34) Quem pode participar das atividades de aprimoramento mediúnico?

35) Se algum voluntário ainda não concluiu o curso, pode participar desta atividade?

36) Somos seres imperfeitos e ainda incorremos em falhas. Até que ponto a maledicência, a fofoca, o diz-que-diz e os melindres podem atrapalhar o bom andamento de nossas atividades?

37) Há algum limite recomendável para o trabalho semanal nas atividades mediúnicas?

38) Um médium pode dar passes em um dia, trabalhar no Grupo Mediúnico em outro dia, e atuar nas Vibrações Coletivas em outro?

39) Há algum problema em atuar em Grupos Mediúnicos de diferentes Casas na mesma semana? Há algum limite recomendável?

40) Há um limite desejável para a passividade nas atividades mediúnicas? (Exemplo: incorporações de sofredores, mensagens mediúnicas, psicografias, etc.).

41) No final dos trabalhos, é necessário haver manifestação do Plano Espiritual Superior?

42) É aconselhável o dirigente perguntar para cada voluntário se haverá mensagem no final dos trabalhos?

43) O Método das Cinco Fases é suficiente para a identificação de qualquer tipo de mediunidade?

44) Como se processa o tratamento à distância?

45) É necessário o desdobramento para aplicarmos tal tratamento?

46) Quais são os critérios utilizados para escolha dos nomes que serão tratados a distância?

47) Podemos tratar pessoas que desconhecem ou que até duvidam da eficiência deste trabalho?

48) É recomendável tratarmos alcoólatras ou drogados que desconhecem que estão sendo tratados?

Parte III - Assistência Espiritual - Passes e Tratamentos

01) O passe cura todas as doenças? Ele resolve os problemas que nos assolam? Acaba com nossas dores e sofrimentos?

02) Quanto à alimentação nos dias de atividades, qual é a mais recomendada? Há problema na ingestão de carnes vermelhas e embutidos?

03) É necessário se abster de carne vermelha para trabalhar nas vibrações coletivas das quintas-feiras?

04) O voluntário que falta à sua tarefa na assistência espiritual pode atuar normalmente no dia em que voltar ao trabalho?

05) O que é recomendável para se manter atenção e concentração na sala de passes?

06) A indisciplina quanto ao tempo de duração da preleção evangélica prejudica o preparo dos colaboradores que aguardam na sala de passes?

07) Nos trabalhos de cura, como atuam os fluidos radiantes sobre o corpo físico e sobre o perispírito do assistido?

08) Podemos iniciar o tratamento de uma pessoa sem ser com o P2?

09) Em um dia normal de Assistência Espiritual, no momento em que todos os tratamentos já foram iniciados e um assistido passa mal, qual a providência adequada? Qual passe poderemos aplicar?

10) Voluntário que na hora da preparação informa que não está bem, ou que já chega à Casa sem as devidas condições, poderá atuar na Assistência Espiritual?

11) Podemos aplicar passes de adultos em crianças? Em que condição?

12) A aplicação incorreta dos passes (movimentos inadequados, tempos não observados, mãos fora de posição, etc.) poderá ocasionar algum problema ao assistido?

13) Como agir com voluntário que se atrapalha na hora de dar o passe, por mais que seja lembrado da atuação correta (exemplo: pessoas idosas e muito simples)? Normalmente são pessoas dedicadas, assíduas e amorosas, mas apresentam esta característica. Devemos permitir sua atuação, mesmo que incorreta, pois a espiritualidade supre suas falhas?

14) Qual a importância das mãos na aplicação dos passes? Elas têm valor significativo nos passes padronizados?

15) Sabemos que existe uma sequência de passes a ser aplicada no assistido. Porém, o que devemos fazer com o assistido, se não tivermos todos os passes implantados? (Exemplo: O assistido foi até o CH e não temos o P3B). O que faremos com ele, então?

16) No dia de Assistência Espiritual, se colaboradores chegarem à Casa com necessidades, qual será a prioridade de atendimento, assistidos ou colaboradores?

17) O que é mais importante, a cura do corpo ou a do Espírito? Quem purifica o Espírito consegue a cura verdadeira?

18) Qual o roteiro a seguir no tratamento P3B?

19) Qual o roteiro a seguir no tratamento P3A?

20) Existe o passe CH2 (CH com corrente de mãos)? Este poderá substituir o P3B?

21) Atuando na recepção ou mesmo no passe de limpeza, qual a conduta adequada para atender pessoas alcoolizadas ou sob efeito de drogas?

22) O voluntário precisa passar por entrevistas e tratamentos periodicamente?

23) O voluntário pode pedir para receber passes?

24) O voluntário pode enviar seu nome para o Grupo Mediúnico por própria conta?

25) O médium vidente, que está vendo e acompanhando a atuação dos fluidos radiantes, e cita as cores que está vendo, está incorrendo em algum erro? Por que não as citar, se poderá contribuir para a atuação do Grupo?

26) O grupo de sustentação deve reativar os chacras?

27) Há divergência quanto ao procedimento da reativação dos chacras feita por diferentes equipes de trabalho? Não seria adequada a criação de um guia para os dirigentes destas atividades?

28) Há Grupos de Aliança em que são os mesmos voluntários para todos os trabalhos da Assistência Espiritual. A reativação dos chacras é feita uma só vez ou a cada nova atividade executa-se o procedimento?

29) Por que não reativamos os chacras para dar passe de limpeza?

30) Os voluntários, que dirigem as diferentes atividades da Assistência Espiritual, necessitam fazer a reativação dos chacras?

31) Como executar de forma correta a reativação dos centros de força? (Há voluntários que demoram demasiadamente citando detalhes de cada chacra e outros que agem muito depressa, nem dando tempo de percebermos o que está sendo feito).

32) Por que é necessária a corrente de mãos no P2 e não há esta necessidade no CH? Os integrantes do Grupo Mediúnico em atividade precisam de corrente de mãos? No P3B existe a necessidade desta corrente?

33) Onde obter maiores esclarecimentos sobre corrente magnética?

34) A troca constante de voluntários atrapalha a harmonia da corrente?

35) As atividades preparatórias (ambiente e voluntários) são feitas somente uma única vez, ou a cada nova atividade executamos os procedimentos?

36) No caso de haver um pequeno número de médiuns, mas o suficiente para se compor uma corrente, podemos formar o círculo ou será mais aconselhável o passe coletivo?

37) Qual a orientação a uma Casa Espírita que não tem P3B e oferece apenas os passes P1, P2, CH e P3A? O que fazer com os assistidos, se não tem todas as atividades implantadas?

38) Existe um número determinado de sessões para o assistido receber o P3B?

39) Há casos de assistidos que chegam a um GA, vindo de outros Grupos, onde vinham recebendo o P3B por vários anos, sem alta ou outra orientação que colocasse um fim ao tratamento. É possível tal prática?

40) Qual a diferença entre o atendimento a Espíritos sofredores e obsessores, e o passe P3B?

41) O assistido pode ficar na sala durante o P3B ou deve sair para que a entidade possa ser atendida? No P3B, por que o assistido entra na sala duas vezes? No P3B, o assistido pode ficar na sala de passes com a presença do obsessor? Quais as orientações quanto à permanência do assistido na corrente, quando da incorporação?

42) Pode ser feito P3B à distância?

43) No P3B, após a quarta semana, pergunta-se aos médiuns do próprio grupo se o assistido pode ter "alta" ou se deve dar continuidade ao passe? É correto o dirigente decidir isso sem perguntar ao Grupo Mediúnico?

44) No caso de gestante trabalhando no grupo mediúnico de P3B, qual a real gravidade?

45) No caso do P3B e do P3A, deve-se fazer entrevistas com os assistidos todas as semanas, antes da assistência?

46) Qual a consequência de um trabalho P3B ser feito após o trabalho P2/CH/P1, no mesmo dia e com os mesmos colaboradores?

47) Qual a duração de um trabalho de desobsessão pelo P3B? Existe um número de Espíritos a serem atendidos?

48) Quanto tempo (em média) deve ser usado para a execução dos passes padronizados? (Todos os tratamentos e inclusive doutrinação)

49) O que é corrente de limpeza e reposição de energias e como funciona? Estamos nos limpando do quê?

50) Durante ou no final dos trabalhos de P3B, o colaborador pode captar energia (levantar os braços) para refazimento?

51) Como fazer para melhorar o passe padronizado? Como conscientizar nossos voluntários da importância desta atividade?

52) Há necessidade real de, na sala de passe, o homem dar passe em homem, e mulher em mulher?

53) Quando se utiliza a repetição de série de passes, e qual o momento da designação da "alta"? Pode se repetir tratamentos? Quantas vezes podemos repeti-los?

54) Qual a orientação para o voluntário a quem foi indicado um tratamento? Deve comportar-se como um assistido comum, ou há diferenças no tratamento?

55) Deveríamos tratar os obsessores, ou mesmo os Espíritos doentes que comparecem ao intercâmbio, como fazemos no plantão de entrevista, ouvindo e direcionando o auxílio ao assistido para sua conscientização?

56) Por que não acrescentamos na Assistência Espiritual o plantão semanal para os assistidos com maior dificuldade?

57) Qual deve ser a postura do "doutrinador", durante uma doutrinação de Espíritos sofredores? Ele deve ficar sentado, poderá se locomover, poderá fazer imposição de mãos sobre os chacras ou órgãos do médium?

58) O que podemos e devemos fazer para atingir de forma mais direta os objetivos do Plano Maior em relação aos atendimentos dos nossos assistidos?

59) O voluntário de um Grupo de Aliança pode fazer tratamento em outro GA ou precisa necessariamente fazer o tratamento na Casa em que é voluntário?

60) Muitos documentários mostram trabalhos espirituais, com utilização de intervenção cirúrgica (inclusive invasiva); qual a opinião da Aliança sobre isto? É puro charlatanismo? Existe alguma interferência espiritual neste trabalho?

61) Qual a visão da Aliança sobre a Apometria? Ela faz parte (mesmo que indireta) de nossas atividades padronizadas? É um bom recurso para tratarmos as diferentes obsessões? E as Casas de nosso movimento que já estão realizando?

62) Deve haver mais Escolas de Aprendizes do Evangelho e menos atividades de Assistência Espiritual?

63) Qual o número mínimo de colaboradores para se operar uma sala de passe?

64) Se não houver este número mínimo, fazemos o passe coletivo?

65) Como ele (passe coletivo) é executado? Onde e em que condições?

66) Em uma sala de passes, quem é o responsável pela preparação? Pode ser qualquer voluntário, ou somente os dirigentes?

67) O dirigente somente dirige e coordena as atividades, ou faz parte ativa de todas elas, participando da corrente, aplicando passe, fazendo vibrações?

68) Os médiuns que formam as correntes, nas salas de passes, podem fazê-lo sentados ou em pé? Há alguma importância nesta posição?

69) Podemos utilizar alunos do Curso de Médiuns, que já fizeram o módulo de passes, nas atividades da assistência espiritual? E em quais atividades?

70) Há algum inconveniente quanto a voluntários darem passes em parentes, ou mesmo em cônjuges?

71) Se não tivermos passistas para atender as crianças, previamente preparados para aplicação de passes específicos para a infância, podemos utilizar qualquer médium disponível?

72) No CH, tanto a corrente como o passista vibram para o desencarnado?

73) No passe CH, qual o benefício para o encarnado?

74) Como agir se um assistido estiver sob atuação de obsessor, e não for o dia indicado para o P3B? Que passe aplicar? Pode ser feita incorporação e doutrinação da entidade?

75) Após o encerramento da aplicação de um tipo de passes (por exemplo: P1) e o início da aplicação de outro tipo (por exemplo: P2) devemos somente nos ligar com as equipes espirituais, ou será necessária uma limpeza e adequação do ambiente?

76) É possível um colaborador fazer tratamento sem passar por entrevista?

77) Quando um assistido inicia sua frequência em um Centro Espírita, e sua ficha ainda não foi encaminhada ao Grupo Mediúnico, qual passe deve ser indicado neste primeiro momento?

78) Qual é a melhor atuação do entrevistador, quando sente que o assistido quer mais atenção e mais orientações?

BIBLIOGRAFIA:

Sigla	Livro, Autor, Editora
AeR	Ação e Reação, André Luiz/F.C.Xavier, FEB
AeE	Animismo e Espiritismo, Alexandre Aksakoff, FEB
AoE	Animismo ou Espiritismo?, Ernesto Bozzano, FEB
ChF	Chico, de Francisco, Adelino da Silveira, CEU
CeC	Cartas e Crônicas, Irmão X/F.C.Xavier, FEB
Cdt	Conduta Espírita, André Luiz/F.C.Xavier, FEB
Csl	O Consolador, Emmanuel/F.C.Xavier, FEB
DMd	Desenvolvimento Mediúnico, Edgard Armond, Aliança
Dsb	Desobsessão, André Luiz/F.C.Xavier-Waldo Vieira, FEB
DdS	Diretrizes de Segurança, Divaldo P. Franco e J. Raul Teixeira, Intervidas
DdC	Diversidade dos Carismas, Hermínio C. Miranda, Lachatre
DdO	Dramas da Obsessão, Bezerra de Menezes/Yvonne Pereira, FEB
EAE?	EAE – Perguntas & Respostas, Editora Aliança
EaM	Estudando a Mediunidade, Martins Peralva, FEB
EeT	O Espírito e o Tempo, J. Herculano Pires, Edicel
ESE	O Evangelho segundo o Espiritismo, Allan Kardec, diversas editoras
FDJ?	FDJ– Perguntas & Respostas, Editora Aliança
FdA	Fisiologia da Alma, Ramatis/Hercílio Maes, Conhecimento
F&P	Fluidos & Passes, Therezinha de Oliveira, CEAK
GdA	Guia do Aprendiz, Edgard Armond, Aliança
GdD	Guia do Discípulo, Edgard Armond, Aliança
GMP	A Gênese, os Milagres e as Predições..., Allan Kardec, diversas editoras
InE	Iniciação Espírita, Editora Aliança
Med	Mediunidade, Edgard Armond, Aliança

MdC	Mediunidade de Cura, Ramatis/Hercílio Maes, Conhecimento
MeI	Mensagens e Instruções, Edgard Armond, Aliança
MEC	Métodos Espíritas de Cura, Edgard Armond, Aliança
MdL	Missionários da Luz, André Luiz/F.C.Xavier, FEB, 24ª edição
MPE	Manual Prático do Espírita, Ney Prieto Peres, Pensamento
NDM	Nos Domínios da Mediunidade, André Luiz/F.C.Xavier, FEB
Med	Mediunidade, Edgard Armond, Aliança
OeD	Obsessão e Desobsessão, Suely Caldas Schubert
OLE	O Livro dos Espíritos, Allan Kardec, diversas editoras
OLM	O Livro dos Médiuns, Allan Kardec, diversas editoras
OsM	Os Mensageiros, André Luiz/F.C.Xavier, FEB
OPE	O Passe Espírita, Luiz Carlos de Melo Gurgel, FEB
PET	O Passe - Seu Estudo, Suas Técnicas, Sua Prática, Jacob Melo, FEB
PCE	Passes e Curas Espirituais, Wenefledo de Toledo, Pensamento
PeR	Passes e Radiações, Edgard Armond, Aliança
PRV	Vídeo Passes e Radiações, Editora Aliança
PrM	Prática Mediúnica, Edgard Armond, Aliança
RoP	Relembrando o Passado, Edgard Armond, Aliança
RdE	Religião dos Espíritos, Emmanuel/F.C.Xavier, FEB
TMD	Trabalho Mediúnico: Desafios e Soluções, Carlos Campetti & Vera Campetti, FEB
TPE	Trabalhos Práticos de Espiritismo, inserto na coletânea *Prática Mediúnica*, Aliança
Vmp	Vampirismo, J. Herculano Pires, Paidea, 10ª edição, 2003
VER	Vivência do Espiritismo Religioso, Editora Aliança, 7ª edição

OUTRAS SIGLAS

Sigla e Símbolo	Nomenclatura
AEE	Aliança Espírita Evangélica
CBE	Curso Básico de Espiritismo
CGI	Conselho de Grupos Integrados
CH	Passe Choque Anímico
CM	Curso de Médiuns
EAE	Escola de Aprendizes do Evangelho
EI	Evangelização Infantil
FDJ	Fraternidade dos Discípulos de Jesus
FERGS	Federação Espírita do Rio Grande do Sul
GA	Grupo da Aliança Espírita Evangélica
GC	Grupo Inscrito na Aliança Espírita Evangélica
GI	Grupo Integrado à Aliança Espírita Evangélica
GM	Grupo Mediúnico
ME	Mocidade Espírita
P1	Passe Pasteur 1 Material
P2	Passe Pasteur 2 Espiritual e Material
P3A	Passe Pasteur 3 Material
P3B	Passe Pasteur 3 Espiritual
P4A	Passe Pasteur Infantil Material
P4B	Passe Pasteur Infantil Espiritual
PACEM	5 fases:Percepção/Aproximação/Contato/Envolvimento/Manifestação
PM	Pré-mocidade
?	Pergunta(s)
§	Parágrafo(s)
RGA	Reunião Geral da Aliança
UFMG	Universidade Federal de Minas Gerais

Parte I

Mediunidade
e
Espiritismo

Parte I - Mediunidade e Espiritismo

1) Irmãos que ingressaram ou concluíram escolas em outros Setores da FDJ (Federação, União Fraternal, Setor III) podem iniciar tarefas em nossos Grupos ou necessitam refazer a escola?

Resposta - O que se recomenda a seguir aplica-se aos setores da FDJ bem como para o caso de irmãos egressos de outros segmentos do movimento espírita. Estes, ao solicitar atuação em tarefas num GA (Grupo da Aliança), serão acolhidos fraternalmente.

Porém, é importante haver nesse GA o apoio conjunto das áreas de Estudo e de Assistência Espiritual, referentemente a cada caso, respeitando-se sempre as disposições de ordem interna do Centro.

Aconselhável que o postulante seja entrevistado para apuração de suas reais necessidades e objetivos.

Importa conhecer seu histórico e as capacitações comprovadamente adquiridas para atuar em tarefas específicas, lembrando que não poderá ser portador de vícios impeditivos para as atividades (como tabagismo, alcoolismo e outros); necessário saber se exerceu as funções para as quais se preparou, ou se nunca as praticou, verificando-se, ainda, por quanto tempo ficou afastado de atividades de uma casa espírita.

Assim como o voluntário do GA necessita passar por verificação ou exames espirituais, bem como por reciclagens e cursos, o irmão postulante também será conduzido da mesma forma.

Há que se considerar a necessidade de um período de adaptação, o qual somente o GA responsável terá condição de constatar.

É comum acontecer de Centros pertencentes a outros movimentos espíritas solicitarem declaração escrita e assinada por GA, quando um colaborador deste Grupo pretende lá atuar. Esses Centros externos ao nosso movimento normalmente requerem que tal documento contenha todo o histórico de realizações do postulante, sua formação e qualificação, incluindo: período de atuação no GA de origem, cursos concluídos, livros estudados nesses cursos, atividades exercidas e tempo de duração de cada uma, etc.

Essa é uma boa prática que também nosso movimento deve adotar, para que cada GA mantenha boa organização interna e coerência de programa.

Consideremos, ainda, que a forma como recebemos o postulante deverá motivá-lo para que deseje frequentar a Escola de Aprendizes do Evangelho-EAE[1], bem como o Curso de Médiuns-CM, nos moldes propostos pelo processo iniciático da Aliança Espírita Evangélica-AEE.

2) A pintura mediúnica é uma manifestação da espiritualidade. Os quadros podem ser comercializados?

Resposta - O cap. XXVI de *O Evangelho segundo o Espiritismo* (*ESE*) oferece instruções norteadoras e balizadoras do assunto, sendo categórico sobre qual deve ser a conduta individual do médium, não se admitindo a este exercer mediunidade remunerada para proveito próprio, ainda que essa remuneração seja indireta.

Kardec orienta: ... "aquele, pois, que não tem do que viver, procure outros recursos que não os da mediunidade; e que não lhe consagre, se necessário, senão o tempo de que materialmente possa dispor". Quanto aos GA's, organizados e fortalecidos no padrão espírita, cabe-lhes a reflexão judiciosa sobre a motivação e a destinação a ser dada ao resultado dessa atividade mediúnica.

3) Nos dias de hoje, qual a preparação ideal e possível para colaboradores espíritas de grandes cidades como São Paulo?

Resposta - O cap. 3 do livro *Passes e Radiações* (*PeR*) define como se deve preparar o irmão que atua no GA, nas tarefas às quais aderiu de livre e espontânea vontade. Note-se que o texto inclui observações sobre cuidados físicos e responsabilidades para com a reforma íntima. Em outros capítulos da obra, esses conceitos são incansavelmente reiterados.

Tal conteúdo se encontra um pouco mais detalhado na obra *Prática Mediúnica*, na sua terceira parte: Trabalhos Práticos de Espiritismo (*TPE*), item 3.2.b.1.

Sobre o tema, é fundamental o estudo do cap. 58 - "Os Recursos do Cristão", contido no livro texto *Iniciação Espírita*, referente à aula 109 da EAE, com ensinamentos que jamais poderão ser relegados ao esquecimento.

---

[1] A EAE nos orienta na aquisição de hábitos salutares: oração diária ao deitar e ao despertar, prática do Evangelho no Lar, vibração das 22 horas e vibrações coletivas; além do uso das ferramentas de Reforma Íntima: Caderno de Temas, Caderneta Pessoal, Caravanas de Evangelização e Auxílio; e, Exercícios de Vida Plena. (Nota da Editora)

Ainda, o *Vivência do Espiritismo Religioso* (*VER*), pág. 278, esclarece sobre as atividades preparatórias do voluntário.

Entende-se que não se trata de indicar a preparação ideal para esta ou aquela localidade ou relação de voluntariado, mas de orientar o servidor e o discípulo de modo abrangente para o movimento, conforme referidas instruções.

4) Em nosso movimento, muito se fala sobre alimentação, bebidas alcoólicas e tabagismo, como se não existissem outros vícios, inclusive impedindo que o aprendiz continue seu processo formativo em etapas mais avançadas; está correta esta postura?

Resposta - O movimento oferece um caminho iniciático, formador do Discípulo de Jesus, no decorrer das EAE e dos CM, com base total na Reforma Íntima, por meio da erradicação de vícios e do combate sem tréguas a defeitos morais e paixões inferiores.

O percurso é realizado através de graus de iniciação, a cada um correspondendo desafios específicos, para que a pessoa desenvolva autoconhecimento, avalie suas próprias forças e decida se deseja seguir adiante.

Naturalmente que, para avançar, é preciso completar a etapa anterior.

Todos os vícios e defeitos são igualmente abordados ao longo da trajetória, mas faz parte da lógica iniciar-se por aqueles mais facilmente detectáveis em nós mesmos (fumo, álcool, glutonaria, sexolatria, etc.).

Se o aprendiz não consegue se adestrar atuando sobre os vícios –que exibe para o exterior–, como irá se fortalecer para combate aos defeitos –velados no seu campo interno–?

O processo de Reforma Íntima implica decisão de mudança. A postura correta é realmente zelar para que o aprendiz se modifique e nisso seja bem-sucedido, e não o iludir com concessões.

O estudo do *GdA*, oferecido a partir da aula 23 da EAE, esclarece em vários tópicos a importância desse combate, não deixando margem a qualquer dúvida.

Mais adiante, e para que o Servidor não retroceda, o tema é sempre reforçado, a exemplo do que consta no livro *PeR*, cap. 3, itens "Os Vícios" e "Defeitos Morais e Paixões".

Senão, vejamos exortação de Edgard Armond (O Trevo nº 17 - texto "Reunião Trimestral"; também constante na ?148 da obra *EAE?*):

"- Como entender a passagem para o grau de servidor?

Resposta - A promoção que vos é feita hoje para o grau de servidor quer dizer que tivestes êxito no período de adaptação à Escola... Mas, **sobretudo, que vencestes as dificuldades desta preparação no que concerne à eliminação de vícios e maus hábitos,** incompatíveis com o aprimoramento espiritual; vícios que enfeiavam e apequenavam o Espírito que queremos fazer grande e sem cuja eliminação não vos seria possível receber hoje essa valiosa promoção espiritual. Destas vantagens adquiridas com esforço e dignidade **não deveis jamais voltar atrás,** provando, assim, que realmente lutais por um ideal elevado de autopurificação, que vos coloca um pouco mais perto do Divino Mestre Jesus, porque servireis ao próximo em melhores circunstâncias..." (grifos nossos)

5) No caso da alimentação, qual tipo de carne deve ser evitado e com qual antecedência?

Resposta - Todos os escritos de Armond, alicerces da EAE, CM e FDJ, dão grande espaço ao tema "purificação do corpo", para bem da saúde e da redenção espiritual.

Literalmente ele afirma (*GdA*) que entre os fatores relacionados ao corpo físico, **o principal é a alimentação**.

No *GdD*, capítulo "Aprimoramento", item 2, recomenda **exclusão definitiva** da carne e derivados. No *estatuto da FDJ* (item 22), lembra que é na EAE que o aluno é submetido ao esforço da purificação, incluindo o esforço de supressão da gula, entre os demais vícios que cita.

Exaustivamente, Armond indica a carne como muito retardadora da espiritualização. Desaconselha tal alimento porque nos algema vibratoriamente ao mundo animal.

Quanto às más consequências, não distingue entre os diversos tipos: vermelha, branca, de caça, processada (embutidos, enlatados, defumados, molhos etc.), já que, oriundos do reino animal, todos densificam vibratoriamente as células, bem como atuam fortemente no psiquismo e na saúde geral.

Na prática dos passes, das correntes de cura e dos grupos mediúnicos, é sobejamente sabido que são usadas matérias-primas de nosso corpo físico e respectivos invólucros energéticos, incluindo emanações neuropsíquicas do metabolismo celular, compondo assim um conjunto característico de fluidos do próprio indivíduo.

Kardec ensina indelevelmente (*GMP*, cap. XIV, 31-32): o poder curativo está na razão direta da pureza da substância doada. Fluidos de fonte impura são como substâncias medicamentosas alteradas. O fluido é agente terapêutico cujo efeito curador depende de sua qualidade.

O Livro dos Espíritos (O*LE*), ?182, instrui: conforme evoluem, os seres vivos não têm mais necessidade de se destruírem para se alimentar.

Armond desenvolve o conceito de "permuta fluídica", pela qual o doador negligente pode prejudicar o doente como também carrear para si mesmo os males do outro (*PeR*, cap. 28).

Na vasta literatura espírita sobre passes e mediunidade, nenhum autor aconselha ingestão de carne para eficácia do socorro ao necessitado. Bem ao contrário, há autores que propugnam pelo vegetarianismo como requisito ao exercício das atividades (*PCE*), sob pena de se arcar com as tremendas responsabilidades de ser médium fracassado.

Ramatis concita nos a reconhecer que já ultrapassamos os Prazos Espirituais demarcados para abandonarmos tal alimentação mórbida e cruel (*FdA*). Alerta que, por não termos credenciais de alta espiritualidade, devemos, sim, aplicar providências profiláticas do mundo físico (*MdC*).

Jacob Melo, Luiz Carlos de M. Gurgel e outros, cada um a seu modo, indicam 24 horas de continência em certos hábitos, inclusive os sexuais.

Armond sugere a prática de gradualmente adotarmos alimento natural e produtos vegetais, para alcançarmos saúde e espiritualização.

Possuindo intestino delgado de 6 a 8 metros de comprimento, seguido do intestino grosso de 1,5 a 1,8 metro, é impossível esperarmos que após o café da manhã, seguido do almoço e do jantar, estejamos, no horário da Assistência Espiritual, com a digestão completa e com os resíduos resultantes já eliminados, principalmente se ingerirmos carne.

Combinações erradas de alimentos, opções por itens não saudáveis, disfunções fisiológicas individuais, provocam um tempo de digestão que, quando melhor, pode consumir de 18 a 30 horas para cada refeição, chegando até a perdurar por dias. Considere-se o fato de que a cada refeição ingerida, ainda estamos processando duas ou três anteriores.

Se o tempo de abstinência em relação aos diferentes tipos de carne ficar ao livre critério de cada passista/médium, ou seja, ao seu bel prazer, chega-se ao absurdo de se colocar na corrente, lado a lado, alguém recém-saído de lauta churrascada e outro que conscienciosamente foi sóbrio no comer. Cria-se uma corrente descontínua no seu fluxo de energia, causando transtornos de toda sorte ao Plano Espiritual Superior.

Resultados medíocres ou adversos em atendimentos espirituais têm como uma das causas a pouca ou nenhuma qualidade fluídica dos doadores.

Consideramos enfaticamente que, para o voluntário da assistência espiritual, além da sobriedade e moderação alimentares, o **tempo mínimo** de abstinência na ingestão de qualquer tipo de carne, incluindo as processadas ou ultraprocessadas, é o de 24 horas, não devendo a pessoa atuar em assistência espiritual, nas salas de atividades mediúnicas e nas salas de passes, nem em sustentação de corrente, antes de decorrido esse tempo. Lembrando sempre que a meta é a de chegarmos a não depender mais de tal tipo de proteína.

6) No caso de bebidas alcoólicas, a abstinência necessária é de dias ou de horas?

Resposta - Segundo o médium Divaldo P. Franco, álcool e prática mediúnica são antípodas, ou seja, diametralmente opostos (33º Congresso Espírita - GO - YouTube; 9º Congresso Espírita 2017 - FERGS - YouTube), e o médium não deve fazer uso da substância, já que a mediunidade se expressa por meio de recursos pertencentes ao nosso vaso físico. Entendemos que isso é válido para qualquer atividade de Assistência Espiritual, coerentemente com os ensinos de Armond.

Raul Teixeira (*DdS*, item 85) orienta: passista e médium, quaisquer que sejam suas funções, devem abdicar do uso de alcoólicos no seu regime alimentar, em virtude de múltiplos inconvenientes.

Os motivos da restrição ao álcool estão, por analogia, fartamente relacionados na resposta à questão anterior (nº 5), podendo ser estudados nas mesmas fontes bibliográficas e em outras, sendo aplicáveis igualmente.

O alcoolismo, mesmo brando, inclui-se entre os hábitos que nos trarão as doenças por nós mesmo escolhidas (*RdE*, texto 61 - Doenças Escolhidas).

Algumas pessoas dizem beber "apenas socialmente", querendo mostrar que não há qualquer problema nesse hábito. Mas o cap. 8 do *GdA* (pág. 47) afirma que é incompatível com a evangelização a posse de vícios, mesmo os chamados "sociais".

No livro *MdL*, cap. 3 - Desenvolvimento Mediúnico, o instrutor Alexandre mostra e comenta detalhadamente o estado interno dos órgãos físicos de um homem, usuário regular de alcoólicos, que tenta inutilmente desenvolver a psicografia.

No cap. 19 (Passes) do mesmo livro, Alexandre ensina, em resumo, que, para o candidato ao serviço, é preciso equilibrar as emoções, mas também examinar as necessidades fisiológicas. Afirma ser indispensável fiscalizarmos os elementos que introduzimos nas células. Fala dos odores fétidos que saem dos poros, pulmões e estômago, e das dejeções anormais pelos maus tratos ao aparelho gástrico. Informa que álcool e outras substâncias tóxicas prejudicam os centros nervosos, alteram funções psíquicas e anulam os esforços na transmissão de fluidos regeneradores.

Ingerindo bebida alcoólica, estamos bebendo etanol, o mesmo que se encontra na composição do combustível para automóvel, em perfumes, álcool gel, etc.

O álcool jamais nutre o corpo. É droga psicoativa depressora do sistema nervoso central. Sendo neurotóxico, agride e causa a morte dos neurônios (conforme o Centro Regional de Referência em Drogas da UFMG). Diminui a velocidade das sinapses, interferindo diretamente na relação entre espírito, perispírito e matéria. Passa dos plexos nervosos aos centros de força, contaminando o fluxo de energia. Todos os órgãos sofrem os efeitos da droga, qualquer que seja a dose.

O uso do álcool atrai os desencarnados que eram viciados ou mesmo "simplesmente" usuários habituais. Ramatis usa a expressão "canecos vivos" quando se refere a bebedores contumazes.

Imaginemos um servidor de Jesus, com essas companhias constantes, dirigindo-se para trabalhar na Casa Espírita!

A tolerância (acostumar-se aos efeitos da droga) faz com que a pessoa pareça menos intoxicada do que realmente está. O indivíduo pode não parecer e nem se sentir embriagado; todavia, estará sim alcoolizado pelo produto circulante no organismo.

Ocorre, porém, que é indispensável seja o fluido do passista da melhor qualidade possível. Imperioso também é lembrarmos, quanto ao médium, que ele o é durante as 24 horas do dia, e que poderá ser requisitado pelos Benfeitores a qualquer instante, inclusive durante o sono.

No trabalho mediúnico ou de passes requer-se elevação e homogeneidade fluídica dos seus integrantes, para se obter qualidade na energia da corrente. Do contrário não haverá resultados nos passes e surgirão descontroles e interferências de entidades inferiores não compatíveis com a atividade que está sendo realizada.

A capacidade do organismo em metabolizar o álcool varia entre os indivíduos, conforme diferentes fatores: etnia, sexo, idade, peso e outros. Mas seus efeitos se prolongam significativamente, haja vista que sua presença no sangue adultera resultados laboratoriais, pode impedir doações sanguíneas, etc., mesmo após horas do consumo.

Há alguns exames e certas intervenções médicas que exigem 72 horas de abstinência do álcool. Isso significa que a droga produz interferências perduráveis por tempo significativo no organismo. Consequentemente, durante tal período, o distúrbio fica fazendo parte das emanações neuropsíquicas do metabolismo celular, projetando-se no campo energético, nas vibrações e nos fluidos despendidos pelo médium.

Assim, por similaridade, surgindo alguma ocorrência de ingestão imprevista do produto, não deve a pessoa atuar em assistência espiritual, nas salas de atividades mediúnicas e nas salas de passes, nem em sustentação de corrente, antes de decorridas no mínimo 72 horas.

O ensinamento, contudo, é no sentido de que tais voluntários tenham já abolido definitivamente o consumo do álcool de seus costumes.

7) O que é mais relevante: a preparação física ou a mental-emocional do colaborador?

Resposta - O verdadeiro Espírita sabe que os dois aspectos têm igual peso, sendo que o físico interfere muito na condição espiritual, e que o contrário também é verdadeiro.

Todos os escritos de Armond, bases da EAE, CM e FDJ, dão grande espaço ao tema "purificação do corpo", para bem da saúde e da redenção espiritual. Ao mesmo tempo encarecem a necessidade de obtenção de virtudes morais enaltecedoras.

"Sem a indispensável preparação física e moral não devem os médiuns tentar transpor as barreiras vibratórias que separam os dois mundos, invocando potências invisíveis de qualquer natureza para desenvolvimento de faculdades ou produção de fenômenos" (livro *Med*, cap. 40 - Programa de Ação).

Armond não separa um do outro, tanto que chama o corpo físico de "santuário do Espírito encarnado", valorizando igualmente a ambos.

Grande parte dos capítulos do livro *PeR* aborda aspectos relacionados ao preparo do corpo e nisso Armond é incansável. Importante estudar, comparando, os caps. 3, 8, 28, e o item 5 do cap. 2. Da mesma forma, também ler os caps. 4 e 5.

Os fluidos que emanamos, a aura que exibimos, têm a qualidade daquilo que circula nas nossas células físicas. Também apresentam a densidade ou a leveza de nossos sentimentos e pensamentos.

Para dar passes, pois, não basta a boa vontade; é necessário que o operador preencha uma série de condições físicas e psíquicas, tendentes à purificação de corpo e espírito.

O cap. XVII de *ESE*, "Sede Perfeitos", nos ensina a enaltecer o corpo e o espírito (item 11): "... começarei por demonstrar a necessidade de cuidar-se do corpo que, segundo as alternativas de saúde e de enfermidade, influi de maneira muito importante sobre a alma..."; "... o grande problema ficaria sem solução, se o Espiritismo não viesse em auxílio dos pesquisadores, demonstrando-lhes as relações que existem entre o corpo e a alma e dizendo-lhes que, por se acharem em dependência mútua, importa cuidar de ambos. Amai, pois, a vossa alma, porém, cuidai igualmente do vosso corpo, instrumento daquela".

8) Quase todas as casas espíritas possuem um aviso de que "o silêncio é uma prece". A quem ele é dirigido?

Resposta - Todo o esforço da Casa Espírita deve tender a elevar o indivíduo acima da atmosfera pesada e maléfica da vida exterior material, oferecendo-lhe oportunidades assíduas de reconforto e repouso, de estímulo e de esperança (*Med*, cap. 34 - Ambientes Bons e Maus).

Para os médiuns, principalmente, é imperiosa a necessidade de bons ambientes (necessidade quase física). É essencial a sanidade da atmosfera espiritual circundante.

O empenho do próprio indivíduo em se melhorar física e moralmente é grandemente beneficiado com a frequência a uma Casa bem conduzida, porque ali ele se retempera, se instrui, satura-se de forças boas, alimenta-se de fluidos reparadores e estimula-se para o bem.

O silêncio integra o rol de providências que tornam o ambiente vibratoriamente elevado. É necessário para se colocar o Ser em concentração, meditação, reflexão.

Talvez a expressão mais adequada para o aviso referido na pergunta seja "silêncio e prece", orientando a pessoa à postura apropriada dentro de um ambiente de natureza superior.

É dirigido a todos que comparecem à Casa, pois ninguém é dispensado de sintonizar-se com o Plano Superior. Porém não resta dúvida de que principalmente os voluntários do Centro Espírita devem atendê-lo, pois o exemplo há de partir deles, já que são imitados pelos alunos e assistidos que frequentam o Centro. (*Med*, cap. 34; e cap. 35 - item "Concentração e Silêncio"; *PeR*, cap. 26 - item 4; e cap. 23 - item 4).

9) Se o médium deixa de trabalhar, ele perde a mediunidade?

Resposta - A mediunidade não é um acontecimento fortuito e tem sua origem em decisões e compromissos anteriormente assumidos.

É concedida ao indivíduo porque precisa dela para se melhorar e para ele mesmo receber bons ensinamentos, além de servir ao próximo como Jesus ensinou. Portanto, se não aproveita de tal concessão, incorre em perdas significativas.

É a utilização da equipagem mediúnica que a mantém produtiva, funcional e flexível.

Há situações que de modo algum justificam o fato do médium deixar de trabalhar: futilidades, comodismos, interesses materiais, falta de confiança na espiritualidade, recusa de servir o próximo, melindres.

Em outros casos, de impedimento legítimo, os Espíritos Protetores providenciam o devido e adequado encaminhamento.

Caracterizada a fuga do trabalho, o servidor necessitará, depois, reconquistar o equilíbrio anteriormente conseguido a custa de disciplina, assiduidade, estudo e aprimoramento.

Conforme aprendemos em *OLM*, cap. XVII, item 220, o médium nada pode sem o concurso simpático dos Espíritos. Não é raro de as interrupções temporárias ou definitivas ocorrerem porque os Espíritos não mais querem, ou não podem mais, servir-se do médium.

Os Bons Espíritos abandonam o médium quando este exerce a faculdade para coisas frívolas ou com propósitos ambiciosos, ou quando se nega a transmitir suas palavras e ensinamentos. Se não há nenhum proveito na posse dos atributos mediúnicos, os Espíritos bons se afastam.

"... Deus, então, lhes retirará um dom que se tornou inútil entre as suas mãos; a semente que não souberam semear; e os deixará tornarem-se presas dos maus Espíritos." (*ESE*, cap. 19, item 10).

10) Uma pessoa que está hospitalizada, em estado de coma, pode dar uma mensagem por intermédio de um médium?

Resposta - Em *OLM*, item 114, Kardec explica que tudo o que diz respeito às propriedades do perispírito após a morte se aplica ao perispírito dos vivos. Nos seguintes (115, 116, 117), relata episódios de pessoas vivas que apareceram dentro de residências de terceiros, em locais distantes de onde verdadeiramente se encontravam, tornando-se perfeitamente visíveis e até com movimentação normal.

Em *OLE* (cap. VIII-Emancipação da Alma) aprendemos que quando o corpo repousa, o Espírito tem mais faculdades do que no estado de vigília.

Durante o sono, afrouxam-se os laços que o prendem ao corpo, ele se lança pelo espaço e entra em relação mais direta com os outros Espíritos (encarnados ou desencarnados). Adquire maior potencialidade e pode pôr-se em comunicação com os demais Espíritos, quer deste mundo, quer do outro, mantendo-se ligado ao físico por um laço fluídico luminoso. Para isso, não é necessário o sono completo. Basta que os sentidos entrem em torpor para que o Espírito recobre a sua liberdade. Desde que haja prostração das forças vitais, o Espírito se desprende, tornando-se tanto mais livre, quanto mais fraco for o corpo.

Nas atividades mediúnicas socorristas, como ocorre no Grupo Mediúnico de assistência espiritual à distância (*VER*, cap. 2.6, item "Grupos Mediúnicos", nº 2), o Plano Espiritual, se assim achar por bem, pode acompanhar o assistido que se encontra em coma e, pelo desdobramento, levá-lo para a Casa Espírita para ser auxiliado, local onde o doente poderá ou não se expressar através de um médium.

O que não se pode jamais fazer é evocar o necessitado, a teor do que ensina *OLM* (item 284, §53 e 54): se a pessoa estiver doente, a evocação aumenta seu sofrimento; cresce o perigo do ato quanto maior for a gravidade da doença, como também no caso de crianças e de velhos enfermos, ou toda vez que o corpo estiver enfraquecido.

A equipe mediúnica responsável deve deixar exclusivamente a critério dos Benfeitores Invisíveis a presença ou não do doente na sessão, seja tal comparecimento acompanhado ou não de manifestação mediúnica do vivo.

11) O que é animismo?

Resposta - Animismo e mediunidade são fenômenos naturais do psiquismo humano, sempre estudados exaustivamente pelo Espiritismo. No animismo, o indivíduo não é instrumento mediúnico de um Espírito desencarnado, mas sim o próprio agente causador de fenômenos considerados supranormais.

Alexandre Aksakof, no indispensável livro *AeE* (publicado em 1890), informa que esse vocábulo vinha sendo utilizado por Stahl e Taylor com diferentes sentidos, mas que a partir desse seu livro estaria aplicando à palavra "animismo" uma acepção mais restrita e bem específica, inaugurando assim um novo significado para o termo, o qual é matéria primordial da ciência espírita.

Ernesto Bozzano, escreve na obra *AoE*, pergunta se é o animismo ou espiritismo que explica o conjunto dos fatos, concluindo que os fenômenos supranormais são obrigatoriamente explicados por ambos, pois os dois são causados pelo Espírito humano que, "quando se manifesta, em momentos fugazes, durante a encarnação, determina os fenômenos anímicos e, quando se manifesta mediunicamente, durante a existência 'desencarnada', determina os fenômenos espiríticos".

Armond, em *Med,* cap. 11 - Incorporação, Forma Consciente, acrescenta, à sua análise pessoal do assunto, a transcrição de alguns parágrafos de Ramatis sobre o tema. Concordam em que a "repressão ao animismo dificultará grandemente as tarefas mediúnicas e por isso não deve ser feita. O mediunismo não dispensa a colaboração do médium, o qual jamais deve ser um simples autômato, um robô".

O animismo apresenta-se sob diferentes formas, sendo uma delas a da interferência –positiva ou negativa– dos conteúdos psíquicos do médium na comunicação de um desencarnado.

Outra modalidade diz respeito à pessoa que, sem qualquer contato ou aproximação com um "morto", revive episódios de outra existência (emersão do passado), manifestando personalidade anterior, diferente da atual (*NDM,* cap. 22), dando a impressão de que está incorporada.

Existem outras expressões do fenômeno, sendo que a base é a desnecessidade da presença de outros Espíritos. O sensitivo, por si só, os apresenta: telepatia, premonição, retrocognição, desdobramento, bilocação, bicorporeidade, psicometria, clarividência, clariaudiência, dupla vista, sonhos, êxtase, sonambulismo, ação sobre a matéria próxima ou distante (exemplos: telecinesia ou alteração de substâncias), etc.

Animismo não significa mistificação, fraude, fingimento, simulação premeditada, ou má fé.

Recomenda-se o estudo de *OLM,* itens 180, 214, 223-§3, 223-§10, 225, e 303.

12) O animismo está presente nos médiuns que fizeram o Curso de Médiuns?

Resposta - Sim. Até por que é difícil separar o fenômeno anímico do mediúnico, em especial quanto à incorporação ou psicofonia. Não sendo mecânico ou inconsciente, o médium acaba por ser intérprete do pensamento do Espírito comunicante, contribuindo com seus próprios recursos para a transmissão da ideia. O objetivo do CM não é retirar o animismo do aluno, o que seria impossível. É, sim, propiciar a ele o autoconhecimento, o treino para distinguir seus pensamentos daqueles que não são seus, e orientá-lo ao aprimoramento para que cada vez mais seja digno da confiança dos Espíritos Benfeitores.

Hermínio Miranda, em *DdC*, diz que, "em verdade, não há fenômeno espírita puro, de vez que a manifestação de seres desencarnados, em nosso contexto terreno, precisa do médium encarnado, ou seja, precisa do veículo das faculdades da alma (Espírito encarnado) e, portanto, anímicas."

13) Qual o grau de animismo mínimo do médium?

Resposta - Aqui vale lembrar o ensino de Armond, no livro "*Med*, cap. 26 - A direção dos Trabalhos": "... no caso "consciente" o animismo é circunstância natural e, às vezes, mesmo favorável, porque se o médium possui cabedal próprio de conhecimentos, maior riqueza de vocabulário e maior facilidade de expressão, tanto melhor transmitirá as ideias que receber do Espírito comunicante. O médium, pois, que tenha confiança em si mesmo certo de que, dentro da corrente e na hora da comunicação, o que vier não será dele, mas sim do Espírito comunicante; que não analise o que recebe para transmitir; que fique em estado receptivo e dê ampla vazão às ideias ou pensamentos que receber."

14) Quais as causas mais comuns de quedas dos médiuns?

Resposta - As causas gerais dos fracassos dos médiuns são: a ausência da noção de responsabilidade própria e a falta de recordação dos compromissos assumidos antes da reencarnação. O fracasso determina a queda do médium, que será maior ou menor conforme as circunstâncias dessa derrota: orgulho, vaidade, negligência, prática do mal de modo consciente, abandono de suas faculdades às forças inferiores, indução do próximo aos maus caminhos e à ausência de fé (*Med*, cap. 16).

Nesse assunto, é nosso dever estudar e praticar os ensinamentos contidos na mensagem de Joana D'Arc, em *OLM*, cap. XXXI - mensagem XII.

Indispensável também o estudo de *OsM*, que descreve diferentes casos de médiuns que fracassaram e as causas da queda de cada um.

15) Quais as qualidades de um bom médium?

Resposta - As qualidades que, de preferência, atraem os bons Espíritos são: a bondade, a benevolência, a simplicidade do coração, o amor do próximo, o desprendimento das coisas materiais. Os defeitos que os afastam são: o orgulho, o egoísmo, a inveja, o ciúme, o ódio, a cupidez, a sensualidade e todas as paixões que escravizam o homem à matéria (*OLM*, itens 227 e 228).

A primeira necessidade do médium é evangelizar-se a si mesmo antes de se entregar às grandes tarefas doutrinárias, pois, de outro modo poderá esbarrar sempre com o fantasma do personalismo, em detrimento de sua missão (*Csl*, ?387).

O bom médium é aquele que atua primeiro em si mesmo, pela indispensável reforma,... (*Med*, cap. 40 - Mediunidade em Ação - Fermento que leveda a Massa).

16) As qualidades de um bom médium podem ser desenvolvidas ao longo do Curso de Médiuns?

Resposta - O Curso de Médiuns, conforme o programa da Aliança, atuando sincronicamente com a EAE, propicia a aquisição das qualidades referidas, já que exige do aluno a disciplina, a assiduidade, o regramento de hábitos, o abandono de vícios, o trabalho em sistema de colegiado, a humildade, e especialmente a sua conscientização quanto à verdadeira missão social dos médiuns.

"O desenvolvimento, como já temos dito e repetido, visa não só a livre e desembaraçada manifestação das faculdades mediúnicas, pelo treinamento e sujeição educacional a que o médium for submetido, como e principalmente, o aprimoramento moral que se consegue pelo refreamento das paixões inferiores e dos impulsos instintivos, bem como pela obtenção das virtudes que dignificam e exalçam a natureza humana. Desse desenvolvimento, pois, surgirá o homem novo do Evangelho, armado de um alto idealismo, que imprimirá a todos os seus atos uma expressão de marcada espiritualidade". (*Med*, cap. 40 - Mediunidade em Ação - O Ambiente Adequado)

Como regra geral tenha-se em vista que tanto o desenvolvimento como o aprimoramento mediúnicos devem satisfazer exigências, entre as quais a do setor: "... 2) da evangelização, por meio da reforma íntima..." (*Med*, cap. 32 - Uma prática a seguir)

17) O que é vampirismo e como ocorre?

Resposta - O vampirismo é tema referente às obsessões. Armond, no cap. 13 do livro *Med*, ensina que as obsessões têm graus que vão do mais leve (encosto) até o mais avançado (possessão), porém em todos os casos estão envolvidos aspectos do vampirismo.

Descreve três processos, não descartando a existência de outros, pelos quais o desencarnado vampiriza sugando da vítima: a) emanações de fumo, álcool e outras drogas; b) energias orgânicas (fluidos vitais); c) ectoplasma para se materializar total ou parcialmente, inclusive para atividades sexuais.

Armond diz que pode ocorrer em nosso plano (terreno) ou no plano astral. A vítima pode sofrer desdobramento provocado pelos Espíritos maus e ser exaurida no espaço, bem como pode ter o corpo físico explorado enquanto está exteriorizada.[2]

Alega que o processo só ocorre com Espíritos atrasados e que esses obsidiados se acostumam com os obsessores, permutando fluidos durante anos.

Em capítulo intitulado "Vampirismo", no livro *EaM*, Martins Peralva analisando a obra *NDM*, define que é a "ação pela qual Espíritos involuídos, arraigados às paixões inferiores, se imantam à organização psicofísica dos encarnados (e desencarnados), sugando-lhes a substância vital."

Peralva preleciona que a causa está em nossos excessos físicos ou mentais, seja na alimentação ou em outros hábitos inferiores, com os quais geramos verdadeiras larvas que servem de nutrição aos vampirizadores. Cita, entre as causas, a cólera, a desesperação, o ódio, o vício, a embriaguez, os desvarios do sexo.

Herculano Pires, na obra *Vmp*, explica que tal fenômeno se expressa nas ligações de Espíritos viciados com homens de tendências

[2] Como exemplo, veja um caso interessante em *Relembrando o Passado*, cap. 4. (Nota da Editora)

viciosas ("Teorias proteladoras"). Acrescenta que o "parasitado sofre duplo desgaste de suas energias mentais e vitais e o parasita cai na sua dependência, perdendo a sua capacidade individual de sobrevivência e conservação".

Suely Caldas Schubert, no livro *OeD*, cap. 15 - Parasitose Espiritual, afirma que "o parasitismo espiritual (ou vampirismo) é um processo grave de obsessão que pode ocasionar sérios danos àquele que se faz hospedeiro (o obsidiado), levando-o à loucura ou até mesmo à morte". Anota, ainda, que "somente existe a obsessão porque há endividados, criaturas que se procuram através dos tempos para acertar os débitos do passado", e que "pensamentos e estados emocionais negativos criam zonas mórbidas em nosso campo mental... instalando-se, como consequência, o processo obsessivo."

18) Qualquer tipo de perturbação espiritual é sempre prenúncio de mediunidade em eclosão?

Resposta - Não. Nem toda perturbação espiritual é prenúncio de mediunidade em eclosão.

Primeiramente é preciso saber se a "perturbação" é realmente de caráter espiritual, e/ou se resulta de alguma disfunção orgânica (fisiológica, metabólica, neurológica, etc.). Daí a importância da atividade de entrevista (plantão), onde é preciso que realmente se ouça o assistido, permitindo que ele ofereça boas informações sobre suas dificuldades (*PeR*, cap. 27).

Serão eliminadas as variáveis de natureza física por meio de consulta a profissional da área da saúde.

Ao mesmo tempo, a Assistência Espiritual terá recursos próprios para orientar o assistido, por meio de entrevistas, passes, exames espirituais de fichas e outros.

Nesse percurso será possível apurar sobre a existência de fundo mediúnico, mediunidade potencial, sensibilidade mediúnica ou mediunidade tarefa (conforme livro *DMd*, cap. II, item "Preliminares", número 7).

Perturbação de fundo mediúnico não indica mediunidade a desenvolver, é provocada por Espíritos inferiores e ignorantes (obsessões), é passageira e tende a se resolver pelos passes e pela evangelização nas preleções, reuniões de Vivências Doutrinárias e EAE.

Já as perturbações características do período pré-mediúnico, consistem numa série de ocorrências de influenciações espirituais, gerando alterações nervosas e psíquicas, fazendo o chamamento para o início da prova, quadro que não se altera se o indivíduo não educar sua mediunidade e desenvolvê-la criteriosamente, a teor do que consta nos caps. 17 e 18 do livro *Med.* Trata-se aí de mediunidade de prova ou de tarefa.

Armond considera, no cap. 20 do mesmo livro que: "... o número de perturbados é imenso, com tendência a crescer e não se erra muito ao dizer que 90% das perturbações são de fundo espiritual, 10% representando mediunidade a desenvolver".

19) Há voluntários que, na preparação por ocasião do início dos trabalhos, têm o costume de "envolver" os cômodos, a mobília, o chão, teto e paredes, pedindo a limpeza do ambiente e sua higienização. Podemos julgar correto este procedimento?

Resposta - Encontramos roteiros de preparação para início dos trabalhos em:

– *PeR*, cap. 23 (Assistência Espiritual - Passes), item 4, letra "e";

– *PeR*, cap. 23 (Radiações), item 5, letra "d";

– *VER*, cap. 2.9, texto "Preparação de Trabalhos Espirituais" (pág. 283);

– *VER*, idem, cap. 2.7, item 1 (Preparação dos Trabalhos), letra "d";

– *VER*, idem, cap. "Apêndices", item 1 (Preces e Hinos).

Nessas e em outras fontes, não encontramos tal detalhamento descrito na pergunta.

Referido procedimento não necessariamente traz prejuízo, porém, como não é padronizado, cada componente do grupo que se alternar nessa tarefa de abertura, a conduzirá ao seu bel prazer, sendo que o tempo de cada um irá variar muito. Assim sendo, essa prática é dispensável, inclusive porque o Plano Espiritual Superior que nos antecede à chegada ao Centro Espírita, já terá tomado várias providências nesse sentido.

20) Nos trabalhos de vibrações pelos necessitados, além do nome e endereço será necessária a citação dos detalhes do caso, para que as energias sejam melhor canalizadas?

Resposta - O trabalho de Vibrações está previsto no livro *PeR*, no cap. 23, item 5. Da mesma forma, se encontra no *VER*, cap. 2.7.

Faz parte deste trabalho, vibrar pelos doentes cujos nomes se encontram no livro (ou caderno) de anotações, no fichário de tratamento espiritual ou, ainda, nas papeletas sobre a mesa. O direcionamento é para todos.

A atividade é totalmente dirigida pelos Benfeitores Espirituais, pois estão comprometidos com a tarefa centenas de núcleos espirituais do espaço, orientados diretamente por Ismael.

Cabe aos encarnados doar radiações, fluidos e vibrações de intenso amor, que são recolhidas em receptáculos do espaço. O próprio Plano Espiritual divide os doentes por grupos e especialidades, levando até eles os conteúdos adequados, retirados dos receptáculos.

Não é necessário ler os nomes, que no mais das vezes são em grande número. Portanto não se descreve cada caso.

21) Como o Plano Espiritual Superior se comporta numa Casa Espírita onde há desavenças e intrigas entre os médiuns?

Resposta - Em *OLM*, item 340, no primeiro parágrafo, temos:

"Contra outro escolho têm que lutar as Sociedades, pequenas ou grandes, e todas as reuniões, qualquer que seja a importância de que se revistam. Os ocasionadores de perturbações não se encontram somente no meio delas, mas também no mundo invisível. Assim como há Espíritos protetores das associações, das cidades e dos povos, Espíritos malfeitores se ligam aos grupos, do mesmo modo que aos indivíduos. Ligam-se, primeiramente, aos mais fracos, aos mais acessíveis, procurando fazê-los seus instrumentos e gradativamente vão envolvendo os conjuntos, por isso que tanto mais prazer maligno experimentam, quanto maior é o número dos que lhes caem sob o jugo."

Quanto ao assunto, é de leitura obrigatória o texto de Bezerra de Menezes, intitulado "O Centro Espírita", contido no livro *DdO*, e escolhido para abrir o cap. 1.2 do *VER*.

Consoante o texto, somente os Centros que observam fielmente os postulados espíritas da fraternidade e da ordem serão registrados no Além como Casas abalizadas para as experiências necessárias, "porque os demais, ou seja, aqueles que se desviam para normas ou práticas extravagantes ou inapropriadas, serão, no Espaço, considerados meros clubes onde se aglomeram aprendizes do espiritismo em horas de lazer".

Emmanuel, na ?387 do livro *Csl*, vem em nosso socorro, esclarecendo que "A primeira necessidade do médium é evangelizar-se a si mesmo antes de se entregar às grandes tarefas doutrinárias, pois, de outro modo poderá esbarrar sempre com o fantasma do personalismo, em detrimento de sua missão".

"Trabalhemos juntos, e unamos os nossos esforços, a fim de que o Senhor, na sua vinda, encontre a obra acabada, porque a esses o Senhor dirá: Vinde a mim, vós que sois os bons servidores, vós que soubestes calar os vossos melindres e as vossas discórdias, para que a obra não sofresse!" (*ESE*, cap. 20, item 5)

Fica claro que o Alto prestigiará, com sua presença e orientações seguras, os médiuns que buscarem esta condição; e deixará as consequências maléficas e a retificação dos atos irrefletidos a cargo de todos os demais que assim não agirem.

22) Faço o Evangelho no Lar com livros como *Fonte Viva* e obras similares. É necessário utilizar *O Evangelho segundo o Espiritismo*, ou posso continuar com esta prática?

Resposta - A finalidade essencial do "Evangelho no Lar" é a de estudar, cultivar e praticar o Evangelho de Jesus e, ao mesmo tempo, proteger os lares contra as influências espirituais negativas. (*VER*, cap. 2.8, pág. 273)

Faz parte do roteiro dessa atividade a leitura de um pequeno trecho de *ESE* e, na falta deste, do próprio *Novo Testamento*. Os comentários entre os participantes deverão ser simples e compreensíveis, sem debates e discussões, e o objetivo é a aplicação dos ensinamentos na conduta pessoal e na vida prática. Eis a essência de tal programa.

Havendo leitura complementar, que sejam de obras doutrinárias espíritas, em especial as produzidas pelas mensagens de Emmanuel e André Luiz.

23) No Evangelho no Lar, podemos vibrar pelos suicidas, ou existem tarefas específicas e mais recomendáveis para este fim?

Resposta - As orientações para realização do Evangelho no Lar estão descritas no "*VER*, cap. 2.8 - Evangelho no Lar - Roteiro, item

7 - pág. 274", onde são mencionadas as vibrações que podem ser feitas, inclusive aos suicidas. Logo a seguir, nas "Observações, item 3", somos informados de que podemos agir inclusive em casos mais graves que atinjam a sociedade, a nação e a humanidade.

O suicídio é, nos dias de hoje, uma verdadeira calamidade, requerendo de nós essas vibrações. Atentemos ao fato de que não se trata de estabelecer sintonia com os suicidas, mas de ofertar aos Benfeitores Espirituais que nos assistem no Evangelho no Lar, as nossas doações de amor e luz que por eles serão encaminhadas aos locais necessários.

Ainda no "*VER*, cap. 2.7 - Vibrações, pág. 272", o roteiro inclui também as vibrações pelos suicidas, que igualmente consta do cap. 23 do *PeR*.

24) Por que alguns médiuns dormem durante algumas atividades?

Resposta - As causas do sono podem ser diversas. Essa a razão pela qual Armond, no livro *PeR*, recomenda os cuidados que o voluntário da Assistência Espiritual precisa assumir (exemplo: caps. 3, 4, 8, 28).

Quanto à alimentação, esta pode dificultar o processo digestivo e o tempo de digestão: excesso na quantidade; combinação inadequada dos alimentos; abuso de gorduras e condimentos; intemperança no consumo de doces; ingestão de carnes; uso de bebidas alcoólicas; comer muito próximo da hora da atividade mediúnica.

Quanto ao cansaço: o voluntário que trabalhou o dia todo nos afazeres profissionais, estará mais suscetível, sendo útil, ao chegar à Casa, refrescar o rosto com água fria, beber água, receber o passe de limpeza e orar; é possível que o motivo seja o de ter dormido poucas horas na noite anterior, quando deverá avaliar-se, lembrando que nunca se deve "sacrificar esta necessidade fundamental em benefício de certas distrações ou atividades dispensáveis, porque são sempre lamentáveis as consequências que a falta de sono acarreta para o sistema nervoso".

Quanto a interferências espirituais: aquele que não segue as orientações para o bom preparo prévio terá dificuldade para se desligar dos problemas cotidianos e, então, a despeito das fronteiras vibratórias de proteção do Centro, ele mesmo estende seu pensamento para contato com Espíritos que lá fora ficaram e que desejam frustrar lhe o desempenho.

Quanto à intervenção dos Benfeitores: voluntário despreparado que, sem nenhuma autocrítica, ingressa assim mesmo na sala do trabalho, expor-se-á ao controle da equipe espiritual, que talvez necessite isolá-lo, inclusive pelo recurso do adormecimento (*Med*, cap. 24, item "Adormecimento").

Quanto à saúde: o médium que não se mantém em dia com sua saúde, apoiado também pela medicina material quando necessário, poderá estar com algum desequilíbrio orgânico causador do sono.

Em existindo os episódios de sono, não se recomenda, sem maior análise, atribuir-se tudo a alguma propensão à faculdade de desdobramento.

É útil lembrar texto de Raul Teixeira: "Temos, então, o sono como esse terrível adversário de nossa participação, de nosso aprendizado, de nosso crescimento espiritual. Não permitamos que ele se apodere de nós. Lutemos o quanto conseguirmos, e deveremos conseguir sempre, para combatê-lo, para termos bons frutos no bom aprendizado" (*DdS*, 53).

25) Qual a melhor forma de aprimorar nossa mediunidade?

Resposta - No livro *Csl*, ?392, Emmanuel responde: "O médium tem obrigação de estudar muito, observar intensamente e trabalhar em todos os instantes pela sua própria iluminação. Somente desse modo poderá habilitar-se para o desempenho da tarefa que lhe foi confiada, cooperando eficazmente com os Espíritos sinceros e devotados ao bem e à verdade".

Vale lembrar o valor do assíduo exercício de suas faculdades em assistência espiritual padronizada, com renúncia e desprendimento, bem como a participação em equipes de aprimoramento, reciclagens periódicas, leituras e estudos doutrinários –individualmente ou em grupo–, bem como a prática perseverante do bem ao próximo, sendo fiel aos ensinamentos de Jesus.

Parte II

Atividades Mediúnicas
Curso de Médiuns
Grupos Mediúnicos

Parte II - Atividades Mediúnicas - Curso de Médiuns - Grupos Mediúnicos

1) O que são Grupos Mediúnicos? Podemos chamá-los de colegiados mediúnicos?

"São trabalhos práticos mediúnicos fechados (isto é, não abertos ao público), realizados por médiuns agrupados em regime de colegiado, de acordo com a especialidade a que se propõem." (*VER*, cap. 2.6 Atividades Mediúnicas - Grupos Mediúnicos).

A expressão "regime de colegiado" significa que se buscam atingir as finalidades propostas de modo nunca individual, e nem tão pouco por predominância da opinião deste ou daquele médium. Assim, durante o trabalho, as percepções mediúnicas e as respectivas contribuições de cada um são enriquecidas pelo compartilhamento metódico entre os participantes, para assegurar que houve o melhor entendimento possível com o Plano Espiritual Benfeitor, e que isso foi corretamente assimilado por todo o grupo. Daí a relevância de se recorrer às "quatro regras de ouro" descritas na resposta à questão 11 deste capítulo.

Importante, pois, não considerar o termo *colegiado* como pressuposição de superioridade, incompatível com a abnegação e a humildade.

Adota-se, portanto, a nomenclatura "Grupos Mediúnicos" para uso nas atividades dos grupos da Aliança.

2) Que tarefas executa o Grupo Mediúnico?

Resposta - O Grupo Mediúnico é formado para "realizar o trabalho designado, de acordo com sua especialidade:

1) Exames espirituais (ou consultas espirituais).

2) Doutrinações ou tratamentos espirituais a distância.

3) Sustentação espiritual de locais e trabalhos.

4) Obtenção de orientações do Plano Espiritual Superior.

5) Outras finalidades."

(*VER*, cap. 2.6 - Atividades mediúnicas, págs. 250 e 251)

3) Para a análise de fichas de assistidos, como devemos proceder?

Resposta - Tal tarefa está bem detalhada no livro *VER*, cap. 2.6 - Atividades Mediúnicas, págs. 252 e 253 - Desenvolvimento, item "Grupos dedicados a exames espirituais (ou consultas espirituais)", que deve ser estudado em conjunto como o livro *PeR*, cap. 26 - Esquema de Funcionamento do Trabalho de Passes.

O roteiro é, basicamente:

a) O dirigente, com a ficha do assistido em mãos, indica o nome ou o número da ficha;

b) Os médiuns captam junto aos mentores as indicações de passes, as causas das perturbações, e as orientações;

c) O dirigente anota na ficha as informações recebidas.

4) O que dizer sobre a importância das reciclagens para os Grupos Mediúnicos?

Resposta - A reciclagem é muito importante, não só para os colaboradores do grupo mediúnico, mas para todos os voluntários da Casa Espírita, sem qualquer distinção. Destina-se "à melhoria dos resultados de todas as atividades e trabalhos no Centro Espírita, por meio do aperfeiçoamento das condições individuais de seus colaboradores". (*VER*, cap. 1.2, item Reciclagens, págs. 60 a 63)

É um conjunto de atividades descritas no referido capítulo, com participação obrigatória de todos os colaboradores do GA, para ampliar sua integração com as atividades desenvolvidas no Centro Espírita e melhorar sua capacitação para o trabalho, de modo a obterem-se melhores resultados. O objetivo não é reformar, retificar, anular, ou seja, não é reunião deliberativa para alterar os programas basilares da Aliança, mas oportunidade de reafirmar valores e conceitos, corrigindo desvios que ocorrem com o passar do tempo.

5) É conveniente que desde a 1ª aula teórica do Curso de Médiuns se permita que alunos atuem mediunicamente, recebendo mensagens nas aulas?

Resposta - O cap. 2.6 do *VER*, que trata das Atividades Mediúnicas, contém o programa do Curso de Médiuns. Ao estudá-lo, verifica-se que não existe autorização ou incentivo ao recebimento de mensagens nessa etapa. O treino incipiente ocorre a partir da aula 43 "Quinta Fase: Manifestação", o que está bem explicado no livro "*DMd*, Parte II - Desenvolvimento Primário - As cinco fases do transe". Mesmo que exista na turma algum aluno possuidor de faculdade desenvolvida nesse campo, a disciplina deve ser igual para todos os integrantes inscritos no Curso.

Ainda, conforme o "*VER,* item Grupos Mediúnicos, pág. 251", verifica-se que somente quem concluiu o Curso pode integrar sessões de intercâmbio. E no mesmo livro, à pág. 288, nas orientações sobre tarefas de Assistência Espiritual, a mesma condição é exigida para atuação em equipe de P3A e P3B.

6) Justifica-se que a inscrição para o CM seja feita apenas para alunos do 3º ano de EAE – e não na aula 48 do curso – alegando-se que o aluno "não pode abrir seus canais" no 2º ano, sob pena de, desistindo da EAE, tornar-se um indivíduo perturbado?

Resposta - No livro " *VER*, cap. 2.5 - EAE, na pág. 221", encontra-se o programa de aulas da EAE. Estabelece a inscrição do aluno no CM a partir da aula 48 da EAE, após o ingresso no Grau de Servidor, quando lhe é feito o convite.

O CM não fornece mediunidade a quem não a possui. Foi formulado por Armond, sob o apoio do Plano Espiritual Superior, exatamente para evitar forçamentos indevidos ou violações sobre as faculdades psíquicas do aluno, muito ao contrário do que ocorre em determinadas linhas espiritualistas.

Assim, a expressão "abrir canais" é estranha aos propósitos do curso, e até mesmo inadequada. O programa do CM (*VER*, pág. 247) inclui alguns meses de aulas teóricas preparatórias. E o subsequente Método das Cinco Fases, começo da parte prática, instaura gradativo e cuidadoso processo de autoconhecimento da própria sensibilidade e das possibilidades psíquicas de cada um, propiciando autodomínio e segurança mediúnica.

A inscrição no CM a partir do grau de Servidor prevê que o aluno já tenha cumprido alguns requisitos dentro da EAE.

Considerando-se que ele só iniciará exercícios práticos na aula 34 do CM, já então terá avançado significativamente na EAE (no mínimo até a aula 82), quando começarem as aulas práticas de desenvolvimento mediúnico.

Além disso, na aula inaugural do CM o aluno deve ser cientificado de que será desligado automaticamente do Curso em caso de desistência da EAE, até porque, sem a EAE –base do processo de reforma moral–, não se atingirá o propósito de se educar o médium para trabalhar para Jesus.

7) Por que não há um aprofundamento no treinamento referente a Grupos Mediúnicos e P3B, no Curso de Médiuns?

Resposta - O programa do CM, elaborado sob a inspiração do Alto, oferece ao seu Dirigente todos os recursos necessários para o devido desenvolvimento da mediunidade do aluno.

O Curso bem aplicado, cumprindo todas as etapas, em perfeita sintonia com os Instrutores Espirituais, capacita adequadamente o aluno para iniciar sua caminhada mediúnica.

A conclusão do Curso não é o fim da jornada do médium, mas sim o começo. A partir daí a aplicação assídua e constante de suas faculdades no trabalho ao bem do próximo, irá produzindo o aprimoramento necessário. Precisa exercer o seu mediunato em equipes bem formadas e bem dirigidas, para que o tempo lhe traga o conhecimento e amadurecimento almejados. Além disso, há programas de aprimoramento mediúnico que são aplicados tanto em nível de Regionais (que atuam como redes de apoio mútuo entre os Grupos da Aliança), como dentro da própria Casa Espírita.

Várias Regionais aplicam cursos ou encontros para a Formação de Dirigentes de Curso de Médiuns, que visam conscientizá-los para buscar a melhor utilização possível dos recursos disponíveis no programa. Desde o início da Aliança Espírita Evangélica, Edgard Armond alerta os dirigentes para a responsabilidade que pesa em seus ombros, na condução dos futuros médiuns.

É necessária a leitura e reflexão sobre o texto “Mensagens para Dirigentes de Escolas e Cursos de Médiuns - 1975”, encontrada no livro *MeI*.

O Curso deve dirigir o esforço ao aprofundamento do programa como um todo, e não para especialidades isoladas, já que importa propiciar ao aluno a flexibilidade necessária à continuidade de sua caminhada.

O treinamento e reciclagem de alunos e Grupos Mediúnicos é explicado no *VER*, cap. 1.2, item Reciclagens, págs. 60 a 63.

8) Há Casas que oferecem o “Módulo Passes” separadamente do CM. É correta essa postura?

Resposta - As aulas de passes apresentam-se como parte integrante do CM, correspondendo ao início deste. Não há orientação para aplicar-se referidas aulas fora do programa que consta do “*VER*, cap. 2.6 - pág. 247”.

Situações específicas de Regionais ou de Casas –necessidades momentâneas, pontuais, eventuais– podem acontecer. Um exemplo é o caso de não haver um número mínimo de alunos para continuidade das aulas subsequentes às de passes. Outro é o caso de Casas iniciantes que, num primeiro momento, precisam de alguma forma iniciar uma atividade de assistência espiritual, e assim por diante.

9) Para a realização das verificações de fichas ou mesmo casos a distância, são necessárias as informações de dados pessoais dos assistidos?

Respostas - As informações devem constar da ficha a ser manuseada pelo dirigente, para adequado acompanhamento do caso. Porém, não é necessário que sejam transmitidas por ele ao grupo mediúnico. A finalidade da verificação é obter a indicação do tipo de passe e orientações. Para isso, a sintonia dos médiuns deve se dar com o mentor espiritual do trabalho e com o protetor individual do assistido, os quais têm acesso ao que realmente acontece no caso analisado. Não é recomendada a ligação dos médiuns diretamente com o encarnado, nem com o seu campo mental ou com seus obsessores, daí não ser necessário que conheçam as informações pessoais do assistido.

10) Como libertar as pessoas da necessidade de verificação de orientação do Plano Espiritual?

Resposta - É da responsabilidade da Casa Espírita evitar que surja dependência no assistido quanto a receber orientações ou mensagens do Plano Espiritual. A Assistência Espiritual é acolhedora e consoladora, mas tem por dever moral auxiliar na libertação do indivíduo, indicando a ele o caminho da evangelização através de preleções evangélicas, sessões de Vivências Doutrinárias, Cursos Básicos, EAE, além de palestras de cunho doutrinário, etc.

Mesmo as preleções evangélicas que antecedem os passes, e que devem conduzir o assistido à ideia do merecimento pela prática do Bem e da Reforma Íntima, podem ensiná-lo que é sempre possível receber de seu mentor individual as boas ideias e inspirações –através do pensamento– seja durante o Evangelho no Lar, seja após as preces que fizer diariamente, seja durante o sono para o qual deve se preparar devidamente por meio da oração.

Uma Assistência Espiritual corretamente organizada e verdadeiramente espírita, não cria no assistido a impressão ou a ilusão de que ali é um local de consulta ao oráculo, ou de fornecimento de respostas para questões materiais, ou ainda para que os Espíritos resolvam problemas ou decidam pelo assistido aquilo que só cabe a ele resolver.

11) Por que é importante para os Grupos Mediúnicos a utilização das "quatro regras de ouro" sugeridas por Edgard Armond? Por que alguns grupos não as aplicam?

Resposta - As "quatro regras de ouro" são:

Regra 1: "FALAR SOMENTE O NECESSÁRIO". Se pensarmos bem, uma mensagem de 60 palavras não perde em nada se for falada ou reescrita em 30...

Regra 2: "- CONFIRMO!" Para falar não é preciso repetir a descrição dos demais, se não houver algo significativo a acrescentar. Basta dizer: "– Confirmo".

Regra 3: "ACRESCENTAR NÃO É SOBREPOR". Pode-se acrescentar; sobrepor-se não. Sobreposição é todo acréscimo que não traz nada de novo, útil ou bom. Em geral, é comentário feito só para aparecer, ou parecer mais que os outros.

Regra 4: "POSSO FALAR?" Sempre pedir permissão para falar. É necessário sempre pedir ao dirigente, antes de começar uma descrição ou comunicação psicofônica. Caso contrário, voltamos à época da balbúrdia: todos começam a falar ao mesmo tempo, e ninguém entende nada.

É no CM que, desde o início dos exercícios práticos, o aluno deve ser treinado a utilizar as quatro regras, até à sua perfeita assimilação, passando a constituir-se isso num hábito permanente.

O médium bem formado e consciente levará consigo esse comportamento disciplinado para o Grupo Mediúnico onde for atuar, qualquer que seja a modalidade deste. Tal costume estabelece ambiente harmonioso, organizado, metódico.

Assim, todos os médiuns podem contribuir, cada um por sua vez, sem atropelos mútuos, sem personalismo ou individualismo. Se algum grupo não as aplica, está perdendo valiosíssimo recurso e deve, pois, iniciar essa prática o mais breve possível.

(*VER*, cap. 2.6 - Grupos Mediúnicos, item 4 - Metodologia Mediúnica Versus Objetivos, pág. 261).

12) O que é "limpeza psíquica"? Quais são seus objetivos? Como realizá-la? Qual é o perfil dos voluntários desta tarefa? Com que frequência devemos realizá-la? Como se sugere que seja feito esse trabalho ("limpeza psíquica") nas Casas da Aliança?

Resposta - A expressão "limpeza psíquica", diz respeito ao psiquismo do ser individual, e pode ser encontrada, por exemplo, no livro *PeR*:

a) no cap. 18 - Autopasse;

b) na Nota final do cap. 15 - quando se refere ao necessário passe de limpeza que deve ser aplicado no assistido quando este adentra a Assistência Espiritual;

c) no cap. 16, item 3 "Observações finais", quando se refere ao passe de limpeza em criança, etc.

"Limpeza psíquica" não diz respeito a "ambiente" ou "local", mas sim a questões ligadas à psicosfera do ser individual encarnado (assistido, aluno, ou colaborador da Casa Espírita).

Quanto aos locais, ambientes e atividades da Casa, a denominação correta é atividade de "Sustentação Espiritual de Locais e Trabalhos".

Está descrita no "*VER*, cap. 2.6, item Grupos Mediúnicos, pág. 253, item 3". Ali se encontram todos os requisitos necessários à atividade, inclusive periodicidade, composição do grupo, necessidade e/ou conveniência de sua utilização, bem como o roteiro para aplicação.

13) O que é "samaritanos a distância"? Quais são seus objetivos? Como se realiza? Qual o perfil dos voluntários desta tarefa? Com que frequência devemos realizá-la?

Resposta - "Samaritanos" é o nome pelo qual é conhecido o "Grupo dedicado a doutrinações ou assistência espiritual a distância", cuja corrente é formada, basicamente, por médiuns de incorporação e de sustentação, preferencialmente apoiado por videntes. Realizam-se tratamentos de cura espiritual a distância, indicados para assistidos impossibilitados de comparecer ao Centro Espírita...".

É critério indispensável o de que a pessoa necessitada não consiga, verdadeiramente, estar presente na Assistência Espiritual.

O detalhamento dessa tarefa é feito no livro "*VER*, cap. 2.6 -Atividades Mediúnicas - Grupos Mediúnicos, pág. 253, no tópico ROTEIRO - Desenvolvimento, item 2", e a frequência obedece ao disposto na pág. 251, no tópico "COMO SE ESTRUTURA - Reuniões", onde se esclarece que "As reuniões podem ser semanais, mensais ou eventuais, de acordo com as características do trabalho e as possibilidades do Centro Espírita...".

14) Alunos do Curso de Médiuns podem ou não estagiar no Grupo Mediúnico analisando fichas? Pode fazer um estágio secundário, apenas observando a tarefa, para ganhar experiência?

Resposta - Conforme o "*VER*, cap. 2.9, na 2ª parte, item *Orientações*... pág. 288", aquele que ainda está na condição de mero *aluno* do CM, só pode atuar efetivamente na Assistência Espiritual se concluiu, com aproveitamento, o módulo "Passes", servindo então apenas nos passes de Limpeza, P2, CH, P1, P4A, P4B.

Para o P3B e o P3A, deverá ter suplantado a condição de aluno, tendo completado todo o CM, o que implica ter passado, inclusive, por exame espiritual que o liberou para a tarefa.

Isso indica que, para exercer suas faculdades mediúnicas potenciais dentro da Assistência Espiritual padronizada, necessita tê-las desenvolvido e educado adequadamente em sala de aula, ambiente esse em que é acompanhado pelo Dirigente que foi capacitado para conduzi-lo, e onde encontra ambiente espiritual especialmente preparado para tal mister.

A tarefa de análise de ficha é da competência dos Grupos Mediúnicos que deverão contar com médiuns videntes, audientes e psicofônicos (cap. 2.6 do livro *VER*), ou seja, com médiuns que já foram instruídos e adestrados para isso, portanto com o Curso concluído.

Não há qualquer utilidade em o aluno ser colocado como "observador", pois não estará sendo treinado, além de se suscitar nele simples atitude de mera curiosidade. Nenhum aprendizado real ocorrerá.

Por outro lado, a inclusão do *aluno* para trabalhar num Colegiado consolidado não se justifica. Não só o Grupo Mediúnico não pode modificar sua dinâmica de trabalho para treinar alguém, como também seus componentes não estarão qualificados para tal encargo.

Habilitação quem tem é o dirigente do CM que se capacitou em curso para conduzir uma turma.

Assim, em sala de aula, será organizado o próprio grupo de treinamento, no momento correto do programa, com o apoio pessoal do dirigente do Curso, apto a atender a todas as dúvidas e questões que surgirem de parte do aluno.

15) O que é "refazimento" no final dos trabalhos?

Resposta - O nome correto desta atividade é "corrente de limpeza e reposição de energias". Consta do livro *PeR*, numa Nota que, embora escrita no final do cap. 15 - P3B, é aplicável a todas as atividades de tratamentos materiais ou espirituais: "**Nota:** Em todos os tratamentos materiais ou espirituais, é obrigatória a prévia limpeza psíquica dos doentes e dos operadores, antes de penetrarem no recinto do trabalho, como também é obrigatória a **corrente de limpeza e reposição** de energias para os cooperadores após a realização dos trabalhos".

Tal providência é também aplicável no encerramento de atividades de Grupos Mediúnicos.

16) Como executar a corrente de limpeza e reposição de energias?

Resposta - Os integrantes do trabalho dão-se as mãos e buscam uma sintonia maior entre si e com os mentores, até que todos se sintam perfeitamente equilibrados. (*VER*, cap. 2.6 - item Grupos Mediúnicos - *Encerramento* - pág. 255). Tal roteiro se aplica ao encerramento de atividades dos Grupos Mediúnicos e também à finalização das atividades de Assistência Espiritual.

17) Para tal corrente é necessário o autopasse, ou mesmo aplicar passes de limpeza uns nos outros?

Resposta - Autopasse e passe de limpeza promovem a necessária e obrigatória "limpeza psíquica" a ser aplicada nos colaboradores voluntários da Assistência Espiritual e dos Grupos Mediúnicos, tanto quanto nos assistidos, antes de adentrarem a Assistência Espiritual e os recintos de trabalhos, portanto previamente ao início das atividades.

Quanto ao seu uso no encerramento das tarefas, não é necessário. Apenas situações muito específicas, as quais o dirigente saberá distinguir, hão de requerer tal aplicação.

18) Qual a destinação que se deve dar aos papéis e fichas de assistidos que utilizamos em diferentes atividades?

Resposta - Por conterem informações sigilosas, devem ficar arquivados em local e compartimento bem seguro, sendo manuseados somente por pessoas autorizadas. Devem permanecer neste arquivo durante todo o período em que o assistido estiver em tratamento. Após este período, é possível transferir o cartão de registro do assistido para um arquivo secundário, pelo tempo determinado pela Casa, conforme seu regimento interno, prevendo alguma eventualidade de retorno da pessoa. Ultrapassado o tempo estabelecido, os cartões e fichas devem ser destruídos, garantindo-se que nunca serão violados.

19) Quanto aos Grupos Mediúnicos, o que é recomendável e o que não é recomendável aos voluntários desta atividade?

Resposta - Recomenda-se o estudo permanente de obras doutrinárias fidedignas, e reforma íntima incessante aliada à prática do Bem.

O voluntário é diretamente responsável por criar, para o trabalho, um ambiente espiritualizado e de objetivos elevados, excluindo-se o exibicionismo, a superstição, o personalismo, o interesse pessoal.

Deve cultivar autodisciplina, assiduidade, e também o respeito a todos os demais integrantes do Grupo Mediúnico, sendo o primeiro a auxiliar através do exemplo.

Ter em mente que os médiuns não são seres privilegiados e missionários, e afastar a crença errônea da passividade cega aos Espíritos comunicantes.

Necessário colocar em ação todo o aprendizado do CM referente à qualidade da tarefa mediúnica, tal como referido nos caps. 22 e 35 do livro *Med* e em outros capítulos da mesma obra, a qual deve ser permanentemente estudada em conjunto com *OLM.*

Importante participar de reciclagens promovidas pela Casa Espírita, bem como de atividades de aprimoramento mediúnico.

O que não é recomendável ao voluntário: deixar de seguir essas diretrizes.

20) O livro *Vivência do Espiritismo Religioso* é para ser seguido em todo o seu conteúdo, ou interpretado e aplicado no que for possível ou viável?

Resposta - O livro tem por escopo orientar os Grupos quanto aos objetivos da AEE, bem como em relação aos seus programas padronizados, para viabilizar a ajuda mútua entre pessoas e entre Casas Espíritas, evitando o personalismo, o arbítrio individual e a desorganização do Movimento frente ao público que dele se utiliza.

Deve ser estudado, pois para seguir qualquer orientação, precisamos entendê-la. E deve ser colocado em prática, vivenciando-se efetivamente os programas ali descritos. Após vivenciá-los é importante o aprimoramento através de reciclagens ou processos de educação continuada.

Os Grupos que ainda não aplicam todo o programa da AEE, por uma razão ou por outra, são Grupos Inscritos. Os demais são os Grupos Integrados.

Quanto à liberdade de interpretação, sugere-se que, em caso de dúvida, a Casa procure apoio junto à sua Regional e junto às Equipes de Apoio da Aliança, entre elas a Equipe de Apoio à Mediunidade.

21) Como agir com as fichas onde não são colocados dados suficientes para a localização dos interessados, no caso de algum retorno?

Resposta - Todos os procedimentos necessários para o acompanhamento do assistido na área de Assistência Espiritual estão descritos no *VER*, cap. 2.9 - Assistência Espiritual. As orientações para o preenchimento das fichas se encontram no tópico "Orientações Sobre as Tarefas Dentro dos Trabalhos - Documentação", e os modelos de fichas são mostrados no "Apêndices - item 5 - Administração do Centro Espírita - Modelos de Ficha".

A ausência de dados que dificultem este acompanhamento deverá ser evitada, pois inviabiliza o bom andamento dos trabalhos. Caso aconteça essa falha, é conveniente guardar a ficha incompleta em arquivo neutro, por tempo determinado, conforme definido pela organização interna da Casa, e prevista em seu regimento, para possíveis correções quando do retorno do assistido. Se o interessado não se apresentar, e depois de decorrido o prazo estabelecido pela Casa, a ficha será destruída.

22) Como devem ser tratados os casos onde não percebemos melhora ou qualquer evolução dos assistidos? Continuam indefinidamente os tratamentos? Continuam indefinidamente as vibrações a distância?

Resposta - A missão da AEE é: "Efetivar o ideal de vivência do espiritismo religioso por meio de programas de trabalho, estudo e fraternidade para o bem da humanidade" (*VER*, cap. 1.1). Para isso formamos Casas Espíritas e as integramos a este ideal.

Os atendimentos padronizados da Assistência Espiritual têm finalidade secundária. Cabe ao GA oferecer permanentemente aos assistidos atividades que certamente solidificarão sua melhora, uma vez que os males estão na alma: Vivências Doutrinárias, CBE, EAE, CM, EI, PM, ME. Em tais ambientes serão indicados caminhos seguros, cuidando do cumprimento de nossa missão.

Neste setor, Armond nos lembra da sequência qualitativa dos tratamentos: quando um caso não é solucionado em uma sequência, irá para a próxima (tanto nos passes materiais quanto nos espirituais). Ao longo dos tratamentos, ouvindo as preleções evangélicas e recebendo as orientações do Alto no atendimento de plantão/entrevistas, o assistido alcançará sua recuperação, principalmente se for encaminhado concomitantemente aos cursos referidos.

Quanto às vibrações a distância (*VER*, cap. 2.7) efetuadas às quintas-feiras, os nomes dos doentes são anotados no caderno, ou em papeletas; cabe à equipe e seu dirigente definir sobre a periodicidade de sessões onde uma mesma pessoa receberá esse auxílio, sempre atentos ao espírito de caridade, que deve prevalecer, já que conhecem os casos que lhes são apresentados ou encaminhados.

23) Quando não estamos bem (pequenos males físicos ou indisposições em geral) é aconselhável trabalhar mesmo assim? Podemos ser encaminhados para alguma tarefa da Assistência Espiritual?

Resposta - É dever do servidor e do discípulo exercitar cotidianamente a vigilância para consigo mesmo. Sabe que precisa orar diariamente, praticar o Evangelho no Lar, reformar-se intimamente, cultivar hábitos saudáveis, etc.

Assim fazendo, tendo cumprido a sua parte na preparação física e espiritual para suas tarefas, sem negligências, será auxiliado pelos benfeitores em caso de surgir pequena indisposição ou pequenos males físicos. Sendo assim, a partir das atividades preparatórias, incluindo a obrigatória limpeza psíquica (passe de limpeza ou autopasse), já se sentirá melhor e, ao concluir as atividades da noite, estará bem física e mentalmente.

É possível também que, tendo feito a sua preparação, mas não se sentindo bem para atuar na equipe de passes naquele momento, atue em outras tarefas como recepção ou encaminhamento do assistido.

Mas importa considerar que o voluntário consciencioso terá que saber avaliar-se, atendendo a todas as orientações do cap. 8 do livro *PeR*, quanto à sua própria qualidade fluídica.

Tais eventualidades, dependendo do tipo e grau, não serão empecilhos para executar as atividades, mas deverão ser analisadas como "termômetros" ou "medidores" de nossa vigilância.

Lembramos que temos à nossa disposição, para utilização diária, "Os Recursos do Cristão" (livro *InE*, aula 109 da EAE), que, se devidamente aplicados, serão de grande valia para nosso equilíbrio.

24) Na falta de voluntários para formação de mais de um Grupo Mediúnico, podemos exercer no mesmo dia qualquer uma das atividades indicadas para os GM? (Exemplo: análise de fichas, exames de alunos, casos de "Samaritanos" e outros).

Resposta - Os grupos são formados para realizar trabalhos segundo as especialidades a que se propõem e para isto as atividades foram divididas nas modalidades citadas (*VER*, cap. 2.6 - Atividades Mediúnicas - Grupos Mediúnicos, págs. 250 e 251).

É desejável um número mínimo de médiuns que possam executar estas tarefas, de acordo com as possibilidades de cada Casa. Não havendo condições suficientes, o Grupo deve realizar o que pode e, se for o caso, se socorrer de outras Casas de sua Regional para atender a múltiplas necessidades. Sabemos também que os GM têm como um dos objetivos a união com o Plano Espiritual Superior, que é de onde vem toda a orientação e auxílio do qual precisamos, o que deve ser buscado com insistência, ficando as diversas especialidades para serem realizadas quando for possível.

Se os voluntários presentes estiverem treinados e capacitados para realizar as tarefas, poderão eventualmente suprir necessidades de momento, num mesmo dia.

Atente-se para o fato de que é preciso encerrar uma atividade antes de se iniciar outra, conectando-se com Equipes Espirituais específicas para modalidades diferentes de tarefas.

25) Após o término da aplicação do tratamento P3B a alguns assistidos, podemos utilizar o mesmo Grupo para análise de fichas de assistidos?

Resposta - Lembramos que em Assistência Espiritual bem conduzida, com correta aplicação dos passes P2 e CH, o número de assistidos que necessita chegar ao tratamento P3B é reduzido.

De qualquer forma, se o número de atendimentos do dia não tiver ocupado todas as possibilidades do grupo, e se os médiuns possuírem as condições requeridas para atuar na segunda atividade, não há empecilho.

A unificação e padronização de nossas práticas não impedem o uso dessa solução.

É recomendável que, se as duas diferentes atividades ocorrerem na sequência, seja efetuado o encerramento da primeira, promovendo-se o reequilíbrio da corrente, a reposição de energia, a mudança de sintonia mental, a ligação com a Equipe Espiritual responsável pela segunda atividade.

Naturalmente, a Casa Espírita deverá estar permanentemente empenhada em formar novas equipes para poder realizar melhor divisão de trabalho.

26) Temos a orientação quanto à duração do trabalho do Grupo Mediúnico. O que fazer quando terminamos mais cedo? É permitido avançar este horário em dias onde há mais fichas?

Resposta - "As reuniões podem ser semanais, mensais ou eventuais, de acordo com as características do trabalho e as possibilidades do Centro Espírita, com duração entre 60 e 120 minutos" (VER, cap. 2.6 - Atividades Mediúnicas - Grupos Mediúnicos - Como se estrutura - Reuniões", pág. 251).

Quando terminarmos antes do prazo fixado, podemos aproveitar o tempo com atividades construtivas a exemplo de:

a) reunião de colaboradores, conforme previsto no PeR, cap. 26, item 7, que nesse caso será proveitosamente mais longa;

b) estudo de texto doutrinário com comentários de cada participante;

c) treino de aprimoramento mediúnico, aspecto tão necessário para equilíbrio do Grupo.

Quanto a ultrapassar o horário previsto para a tarefa, caso seja possível, adie-se a sua continuidade; não sendo possível, o dirigente dever estar atento às condições e necessidades dos médiuns que compõem o Grupo.

O planejamento prévio das atividades evita essas ocorrências.

27) Que fazer com alunos do CM que apresentam dificuldades para sentir as "cinco fases"?

Resposta - A expressão "cinco fases" refere-se ao método criado por Armond (PACEM- Percepção/Aproximação/Contato/Envolvimento/Manifestação), em conjunto com o Plano Espiritual, para ensinar o detalhamento do transe.

Até o final de 1999, o aluno de EAE precisava ser portador de mediunidade-tarefa constatada por exame espiritual, para poder se inscrever no CM.

A partir do ano 2000, "podem ser inscritos no CM todos os alunos que estiverem no grau de Servidor da EAE".

Assim, o aluno participa do Curso mesmo não sendo portador de mediunidade-tarefa, nem possuidor de qualquer mediunidade a desenvolver (mediunidade potencial).

O nível de rendimento, portanto, não será homogêneo entre os alunos.

No entanto, qualquer que seja a potencialidade mediúnica do aluno, e uma vez inscrito ele no Curso de Médiuns, é indispensável que participe deste período primário do desenvolvimento, onde inicia, no mínimo, a conhecer e exercitar aspectos de sua própria sensibilidade, e aprende a observar tudo o que ocorre consigo mesmo, em seu psiquismo e no seu corpo físico.

As dificuldades no período "das Cinco Fases (PACEM - Percepção/Aproximação/Contato/Envolvimento/Manifestação)" surgem em razão mesma de não haver mediunidade-tarefa; ou, então, em virtude de degeneração do tecido nervoso, resultado de hábito anterior ligado ao álcool, fumo, drogas; ou por embotamento decorrente de contatos assíduos com fluidos pesados e deletérios, além de outras causas.

Isso não impede que o aluno prossiga nessa e nas outras etapas do Curso, cumprindo todas as disciplinas inerentes, já que poderá revelar, com o avançar do Curso, outras formas de mediunidade, como vidência, audição, psicografia, etc.

E ainda que essas faculdades não surjam, as 42 aulas de prática onde exercita a serenidade, elevação vibratória, atenção, concentração, doação, etc., o tornarão altamente consciente e apto a integrar grupos mediúnicos e de assistência espiritual, em tarefa indispensável de sustentação (suporte) nas respectivas correntes magnéticas, uma vez que tenha concluído o curso e tenha sido autorizado pelo devido exame espiritual.

O livro *DMd*, em diferentes trechos, discorre sobre essa questão.

28) Como agir com médiuns que "nada sentem" nas diferentes atividades mediúnicas da Casa?

Resposta - Se esses colaboradores concluíram o CM e o cursaram com dedicação, terão aprendido que sua atuação em atividades mediúnicas é importante. Aprenderam a educar sua capacidade de concentração, cultivaram o equilíbrio dos sentimentos e sabem que seu papel dentro de uma corrente é necessário, pois atuam na sustentação vibratória do ambiente e do grupo, auxiliando os demais médiuns em seus desempenhos.

Ao fim do Curso, também passaram por exame espiritual e receberam, portanto, orientações individualizadas sobre a maneira de contribuir com o trabalho, sendo que, se o Plano Espiritual os liberou para a tarefa, é porque há um planejamento espiritual para isso.

O Curso não só desenvolve e educa mediunidades ditas ostensivas, mas também desperta e expande a sensibilidade individual, educando a capacidade de "sentir" inerente a cada um.

Além disso, tais voluntários podem ingressar, oportunamente, em grupos de aprimoramento, dentro da Casa Espírita ou em nível Regional, ali perseverando em exercícios que ampliem sua sensibilidade.

No *GdD*, no item "Sentido e Fins da Preparação", por exemplo, consta que: "Se não possuírem mediunidade, devem fazer exercícios contínuos e assíduos para desenvolver sua sensibilidade psíquica visando, sobretudo melhorar suas ligações com os Benfeitores espirituais, para poderem ampliar o mais possível, os resultados das tarefas que venham a desempenhar." (ver resposta anterior, nº 27)

29) Por que alguns voluntários se sentem mal (com alterações na respiração e no batimento cardíaco, dores de cabeça, etc.), quando há perturbação envolvendo casos analisados no Grupo Mediúnico ou mesmo na sala de passes?

Resposta - A "fisiologia" do processo mediúnico emprega recursos do sistema nervoso do médium e também de seu sistema endócrino. Contato e envolvimento por desencarnados sofredores ou obsessores, repercutem, por exemplo, no sistema nervoso autônomo, podendo gerar descargas adrenérgicas promotoras das alterações referidas.

São episódios momentâneos, às vezes antecedendo uma manifestação, ou por um simples momento de "choque com a matéria" por parte do Espírito socorrido. Em geral esses sintomas desaparecem completamente assim que desfeita a ligação com a entidade, voltando o médium ao seu estado normal, dependendo também da qualidade da corrente formada pelo Grupo.

Daí ser obrigatório o preparo físico do colaborador, sob todos os pontos de vista, paralelamente ao preparo espiritual. O médium bem formado no CM consegue lidar perfeitamente com esses efeitos ou interrompê-los quando necessário.

Na sala de passes, o voluntário consciente, que foi bem orientado nas aulas de passes, sabe que não está ali para oferecer passividade a

Espíritos, nem para sintonizar com os "acompanhantes" do assistido encarnado.

A sintonia deve ser feita com Jesus, pois servimos em Seu nome, e também com os benfeitores espirituais. O passista não pode estar passivo, mas sim ativo na doação de bons fluidos, sentimentos fraternos e vibrações elevadas.

Portanto não há razão para ser impactado no seu metabolismo orgânico. O livro *PeR*, cap. 28 –Higiene das Transmissões nos ensina como fazer para não assimilarmos os fluidos e sintomas do assistido.

Encontra-se em Kardec, *OLM*, cap. XVI, item 188, orientação sobre a qual vale refletir: *Os médiuns delicados e muito sensitivos devem abster-se das comunicações com os Espíritos violentos, ou cuja impressão é penosa, por causa da fadiga que daí resulta.*

30) Na sala de passes os dirigentes estão sempre recomendando vibrações de paz, saúde, amor e outras emissões elevadas. Como saber se estamos doando estas energias?

Resposta - Emissão de amor e de vibrações elevadas não se improvisa. O servidor adquire atributos compatíveis com essa capacidade de doação somente quando se exercita. Frequentando a EAE e participando de todas as atividades propostas, aprende a sair de si mesmo e a ter empatia em relação ao outro. Estudando e praticando o Evangelho, desenvolve o sentimento de caridade. Fazendo o bem ao próximo sempre que se oferecer a ocasião, amplia sua alegria interior, pois a ajuda oferecida retorna para o benfeitor em forma de bênção.

"Em todos os casos, o coração age como uma emissora de ondas, cuja potência fundamental é o sentimento amorável, o desejo sincero de servir, auxiliar, socorrer. (...) a força está no sentimento, na capacidade do emissor em sentir a necessidade do próximo, no desejo ardente de beneficiá-lo e na capacidade de produzir em si mesmo e, em seguida, projetar ao alvo ondas de luz, de vida e de amor." (*PeR* - cap. 23)

"A eficiência das radiações depende da capacidade de amar e sentir, bem como da vontade para emitir o pensamento. Somente pode oferecer algo de bom, aquele que o possui. Os bons atos vão plasmando na "atmosfera espiritual" da pessoa uma tonalidade vibratória e uma quantidade de fluidos agradáveis e salutares que poderão ser mobilizados, através da vontade dirigida." (*F&P* - aula 12 - Radiações ou Vibrações).

"Quanto aos valores morais em função do potencial fluídico, já concluímos que seu engrandecimento é marcantemente necessário."

(...) Quanto mais o homem se elevar espiritualmente, tanto maior será o poder de sua irradiação." (*PET,* cap. V - parte 4, item 4.2 - *Moral X Potencial Fluídico*).

Recomendamos o estudo do cap. 23 do livro *PeR*.

31) Como agir no Grupo Mediúnico, quando há divergência quanto a indicação do passe ou tratamento? (Exemplo: dois médiuns indicam P2 e dois médiuns indicam CH).

Resposta - Em inúmeros textos de Edgard Armond, e em diversos pontos das obras de André Luiz e Emmanuel, encontramos orientações para que busquemos a sintonia com o Plano Espiritual Superior, pois destes Irmãos vem toda indicação segura do que precisamos para o bom exercício de nossas atividades.

Portanto, é fácil deduzir que divergências quanto à indicação de passes ou tratamentos são dificuldades dos médiuns e não do Plano Espiritual.

Então, a ação recomendada quando houver estes problemas, ou ações preventivas para que não haja, estão muito bem indicadas no livro "*VER*, cap. 2.6, tópico Padronização dos Exames Espirituais, item 6 - Conclusão - pág. 267":

"Finalizando, propomos para a consideração dos dirigentes de grupos da Aliança, a adoção de atitudes positivas para a melhoria da qualidade dos exames espirituais:

– Reciclagem constante de todos os médiuns;

– Intercâmbio permanente de experiências entre dirigentes de diferentes trabalhos mediúnicos;

– Disposição franca para a apuração da qualidade dos resultados;

– Disciplina, disciplina, disciplina..."

Por analogia, podemos também sugerir a aplicação do contido no *VER*, cap. 2.6 - Grupos Mediúnicos - Padronização dos Exames Espirituais - 5. Especificidades dos Exames - pág. 263:

"A solução é o trabalho em equipe. Quando um ou dois médiuns expressarem a avaliação do plano espiritual como uma nota, os demais podem se manifestar pela confirmação ou, caso percebam uma divergência, podem solicitar um aprofundamento. Quando a equipe trabalha de forma integrada e colaborativa, ninguém fica melindrado e dúvidas ou falhas são esclarecidas a contento. (...) a forma pela qual a nota é comunicada pode variar, pois o vidente 'vê' uma tela com o número, o audiente 'ouve' a nota, o telepata a 'recebe' entre seus próprios pensamentos, o psicofônico 'fala' a avaliação, etc. Repetimos, o importante é o trabalho em equipe..."

Recomenda-se que dirigente e médiuns conheçam bem os nomes e a natureza de cada tratamento. De posse da ficha, o dirigente observará se a indicação está coerente com o contido no histórico do assistido. Os médiuns deverão ser portadores de humildade para entenderem que as dificuldades de intercâmbio entre os dois planos existem, e que em alguns casos o pedido de confirmação do tratamento recebido poderá ser necessário, inclusive com a participação dos demais médiuns. Grupos Mediúnicos unidos por um ideal fraterno não alimentam divergências.

32) Divergências quanto às informações nas análises de fichas podem indicar ação de Espíritos inferiores que querem prejudicar os trabalhos? As entidades que estão ligadas aos casos podem causar estas divergências?

Resposta - Seguindo as orientações contidas na resposta anterior (nº 31), e se os médiuns estiverem buscando o estudo sistemático e sério, bem como a evangelização através da reformulação dos hábitos, reduz-se ao mínimo a possibilidade de ação do plano espiritual inferior.

É possível, ainda, que o Alto permita a ação de entidades inferiores em nossos trabalhos, com a finalidade de servir de verdadeiro alerta, objetivando nos acordar para que atinemos com as consequências de nossos atos irrefletidos e atitudes inferiores, completamente diversas das recomendações evangélicas.

Recomendamos a leitura contida em *OLM*, cap. XXIV - Da Identidade dos Espíritos - Modos de se distinguirem os bons dos maus Espíritos, itens 262 a 267.

No livro *TMD* - item *Os inimigos encarnados e desencarnados do grupo*, consta:

"Os maiores inimigos do Espiritismo podem estar entre seus próprios adeptos. Todo aquele que se afirma espírita, mas não tem comportamento compatível com os postulados do Espiritismo, age em prejuízo da causa. Por extensão, os piores inimigos do grupo mediúnico podem vir a ser seus próprios participantes. Não significa que alguém precisa ter a deliberada intenção de prejudicar o grupo para causar-lhe dano. Basta não cumprir com a parte que lhe cabe. Quando alguém descuida da própria vigilância, por exemplo, poderá levar para dentro do grupo vibrações de desarmonia e atrair os inimigos desencarnados que atuarão por meio do próprio incauto e de outro membro que baixe a guarda, provocando momentos de tensão no relacionamento, ou desânimos e desistências. A confiança de uns em relação aos outros precisa ser cultivada todo o tempo para que, ao menor sinal de influência negativa, seja pelo comportamento de um participante encarnado ou pela ação de um inimigo desencarnado, o grupo atue de forma compatível para a manutenção ou o restabelecimento do equilíbrio ameaçado. (...) Lembremo-nos de que a cizânia (falta de entendimento entre as pessoas) é uma das estratégias preferidas pelos inimigos dos grupos mediúnicos, como, aliás, de toda a ação espírita. Portanto, oremos sempre e cultivemos a amizade acima de toda possibilidade de desentendimento manifesto, disfarçado ou contido."

33) Qual a condição ideal para que um voluntário possa dirigir trabalhos, cursos, e atividades de aprimoramento ligados à mediunidade?

Resposta - Para dirigir as atividades ligadas à mediunidade, é necessário que tenha concluído EAE e o CM e que tenha adquirido boa experiência como colaborador nas tarefas que pretende dirigir, seja na Assistência Espiritual, seja em Grupos Mediúnicos.

Portanto, requer-se capacitação adequada e um perfil que inclui bom conhecimento doutrinário, estudo permanente, reforma íntima, autovigilância, autocontrole, disciplina, disponibilidade, assiduidade, compromisso, responsabilidade, humildade, caridade, tato, prudência, amor.

É altamente recomendável que a incumbência seja assumida em harmonia com as disposições da Casa Espírita onde ele atua, em consonância com a respectiva forma de organização dos trabalhos, e com apoio das respectivas áreas de Estudo e de Assistência Espiritual.

Uma consulta ao Plano Espiritual acerca das possibilidades da pessoa pretendente é recurso sempre útil e orientador.

Para dirigir o CM é preciso, além de ter obtido experiência como auxiliar e/ou secretário, também ter sido aprovado no Curso de Dirigente de CM, como também é bastante recomendável que seja membro da FDJ.

34) Quem pode participar das atividades de aprimoramento mediúnico?

Resposta - Grupos de aprimoramento mediúnico para atuação em exames espirituais de ingresso na FDJ são organizados pelas Regionais da Aliança, constituindo-se numa equipe permanente, que se mantém em treinamento constante e regular.

Os médiuns participantes dessa equipe deverão possuir necessariamente vivência em trabalhos mediúnicos, tais como grupos dedicados a exames ou consultas espirituais (*VER,* cap. 2.6 - Roteiro - Desenvolvimento - item 1) e sentirem-se suficientemente seguros para transmitir as mensagens do Mundo Espiritual. É recomendável, mas não imprescindível que o médium já tenha trabalhado em exames espirituais. Não há restrição a qualquer tipo de mediunidade. (*VER,* cap. 3.1 - Aprimoramento do Grupo Mediúnico - item 6.2)

Também podem ser organizados grupos de aprimoramento dentro da própria Casa Espírita, visando à melhoria das suas tarefas mediúnicas, bem como objetivando o treinamento para exames espirituais internos de EAE e de CM.

O interessado deverá ter concluído o CM e estar regularmente integrado nas atividades de Assistência Espiritual da Casa, adquirindo experiência em salas de tratamentos e em grupos de consultas.

35) Se algum voluntário ainda não concluiu o curso, pode participar desta atividade?

Resposta - Se ele ainda não concluiu o CM, não há o que aprimorar, mas sim o que desenvolver. Portanto, não pode participar de Grupo de Aprimoramento Mediúnico.

36) Somos seres imperfeitos e ainda incorremos em falhas. Até que ponto a maledicência, a fofoca, o diz-que-diz e os melindres podem atrapalhar o bom andamento de nossas atividades?

Resposta - A missão da AEE nos lembra da importância da vivência em Fraternidade. Quaisquer comportamentos que atentem contra a pureza deste sentimento, atrapalham o bom andamento de nossas atividades e, em alguns casos, comprometem gravemente o cumprimento de nossa missão.

Sugerimos o estudo e aplicação do texto 'O Centro Espírita' (Bezerra de Menezes/Yvonne A. Pereira), que abre o cap. 1.2 - O Ideal de Aliança, do livro " *VER*, pág. 49".

É bom que guardemos conosco a memória do ambiente fraterno que um dia nos envolveu na EAE e recordemos do alerta: - *"Na hora da transgressão, lembre-se: como Aprendiz, não posso mais fazer isso"*.

É de importante contribuição para o tema, a leitura do livro *MPE*, cap. 20 - *Maledicência.*

37) Há algum limite recomendável para o trabalho semanal nas atividades mediúnicas?

Resposta - Um dos objetivos do CM é propiciar ao aluno o maior autoconhecimento possível em relação à sua própria capacidade mediúnica e fluídica, em termos quantitativos e qualitativos. A auto-observação deve permanecer após a conclusão do Curso, em toda e qualquer tarefa que vá exercer. Deverá saber identificar em si mesmo o quanto pode atuar semanalmente na função mediúnica, sem prejuízo de outros deveres. Nesse quesito, também procurará agir de conformidade com as diretrizes de organização interna da Casa que frequenta, pautando-se pela postura de equilíbrio.

Em *OLM,* item 221, Kardec discorre sobre os "Inconvenientes e Perigos da Mediunidade", ensinando, entre outras coisas, que:

– "Há casos em que é prudente, necessária mesmo, a abstenção ou, pelo menos, o exercício moderado, tudo dependendo do estado físico e moral do médium. Aliás, em geral, o médium o sente e, desde que experimente fadiga, deve abster-se."

– "O exercício muito prolongado de qualquer faculdade acarreta fadiga; a mediunidade está no mesmo caso, principalmente a que se aplica aos efeitos físicos; ela necessariamente ocasiona um dispêndio de fluido, que traz a fadiga, mas que se repara pelo repouso".

No mesmo livro, item 161, Kardec refere-se aos médiuns de efeitos físicos que, a partir de dado momento, se tornam conscientes do poder que possuem, e comenta que "Só poderia acarretar inconveniente, se aquele que a possui abusasse dela, depois de se haver tornado médium facultativo, porque então se verificaria nele uma emissão demasiado abundante de fluido vital e, por conseguinte, enfraquecimento dos órgãos".

Como nas atividades mediúnicas e de passes ocorre liberação de fluidos do próprio colaborador, em maior ou menor quantidade, ainda que este não seja médium de efeitos físicos, importa considerar as cautelas acima recomendadas.

38) Um médium pode dar passes em um dia, trabalhar no Grupo Mediúnico em outro dia, e atuar nas Vibrações Coletivas em outro?

Resposta - Respeitando suas características e limitações pessoais, atentando sempre para o "fator equilíbrio", e agindo em consonância com as normas de funcionamento da Casa onde atua, poderá servir em diferentes frentes de colaboração.

Note-se que, para isso, o médium deverá estar diariamente, ou seja, permanentemente preparado em suas condições físicas e espirituais para as atividades que podem durar de 60 a 120 minutos, e Vibrações Coletivas que duram de 30 a 40 minutos.

39) Há algum problema em atuar em Grupos Mediúnicos de diferentes Casas na mesma semana? Há algum limite recomendável?

Resposta - No livro *DMd*, 4ª edição, cap. IV - Desenvolvimento Completivo - item 'Resumindo diremos' - pág. 72, temos a seguinte observação: "... compreendido previamente o método e sujeitando-se a ele com paciência, desde os primeiros passos, sentir-se-ão apoiados, sabedores do que podem esperar de si mesmos, até que ponto podem ir e como fazê-lo com a referida segurança quanto aos resultados do seu penoso trabalho".

No CM, na parte dos exercícios práticos das Cinco Fases do Transe, nossos alunos são levados ao conhecimento de suas faculdades.

O voluntário que se submeteu a este processo deverá manter a prática de se autoanalisar, tendo assim recursos que permitam estabelecer para si próprio um programa adequado de atividades no campo coletivo, selecionando onde e quando deseja servir, fiel aos princípios por ele mesmo esposados ao longo do aprendizado.

É de se esperar do servidor e discípulo consciencioso, que opte por locais e atividades que sigam os mesmos princípios e diretrizes aprendidos em sua formação e treinamento. Em Casas com métodos diferentes arrisca-se a misturar as atividades ou querer impor direta ou indiretamente a prática de um grupo a outro. Cabe, portanto, no caso de divergências de métodos, escolher em qual grupo quer realmente atuar, para não haver prejuízos em termos de harmonia no trabalho.

Nesse sentido, é bastante elucidativo o contido no livro *Med*, de Armond, cap. 21, no item *Correntes*, que, por definição, é *o conjunto de forças magnéticas que se formam em dado local, quando indivíduos de pensamentos e objetivos idênticos se reúnem e vibram em comum, visando sua realização.*

Há que se avaliar, também, se a multiplicidade de tarefas e de locais é permanente, habitual ou eventual e esporádica, pois se, em princípio, nenhum impedimento existiria para essa dupla ou múltipla cooperação, deveria ser levado em conta se tal atuação em mais de uma sessão não imporia desgastes desnecessários ao voluntário (ver respostas 37 e 38).

40) Há um limite desejável para a passividade nas atividades mediúnicas? (Exemplo: incorporações de sofredores, mensagens mediúnicas, psicografias, etc.).

Resposta - Sim, há um limite. Não se trata de um limite numérico e linear, mas de limite referente às características do médium e à observação rigorosa de seu rendimento no desenvolvimento da tarefa em curso. Há o limite, também, da própria dinâmica do grupo onde está inserido.

Não é por acaso que se estabeleceu para a organização das principais tarefas de Assistência Espiritual e de Atividades Mediúnicas, a duração máxima de 120 minutos.

Divaldo Franco orienta, no livro *DdS*, Quarta Parte - Comunicações - cap. 57:

"Um médium seguro, num trabalho bem organizado, deve receber de duas a três comunicações, quando muito, para que dê oportunidade a outros companheiros de tarefas, e para que não tenha um desgaste exagerado. Tenho tido o hábito de observar, em médiuns seguros, conhecidos nossos, que eles incorporam, em média, três entidades sofredoras ou perturbadoras e o mentor espiritual; raramente ocorrem cinco manifestações pelo mesmo instrumento, principalmente num grupo."

A experiência mostra que, em equipes bem preparadas, o próprio Plano Espiritual que atua em conjunto com o respectivo Grupo Mediúnico promove, durante o trabalho e por iniciativa sua, o rodízio na utilização que faz dos médiuns presentes durante a sessão, desde que a corrente seja bem constituída e organizada nos moldes preconizados pelos ensinos de Kardec e de Armond (ver nossas respostas anteriores de n°s 37 e 38).

41) No final dos trabalhos, é necessário haver manifestação do Plano Espiritual Superior?

Resposta - Não é necessária a manifestação, mas desejável e bem-vinda, pois não deixa de ser um bom exercício. Além do proveito desse contato superior, sempre somos beneficiados com orientações, avisos e mensagens alentadoras. Sugerimos a leitura do tema no livro *Med*, cap. 35 - Outras Regras - Intercâmbio com Espíritos Superiores. Lembramos, ainda, que faz parte do roteiro das Vibrações (*VER*, cap. 2.7; *PeR*, cap. 23 - item 4) o intercâmbio mediúnico antes do encerramento do trabalho.

42) É aconselhável o dirigente perguntar para cada voluntário se há esta mensagem?

Resposta - Não é necessário, pois sabemos que estes Irmãos estão presentes e sempre prontos a nos orientar. Se os médiuns estiverem atentos e prontos para o exercício mediúnico, a ocorrência da mensagem será consequência natural. Caso pergunte, não precisará dirigir-se a cada um dos presentes individualmente, mas sim ao grupo como um todo.

43) O Método das Cinco Fases é suficiente para a identificação de qualquer tipo de mediunidade?

Resposta - No livro *DMd* o método é explicado como sendo um detalhamento do transe e que diz respeito à mediunidade de incorporação, constituindo-se na etapa denominada de Desenvolvimento Primário.

Nas págs. 21 e 27 de sua 4ª edição consta que '... as Cinco Fases' preenchem todas as necessidades do desenvolvimento primário servindo, além disso, de base fundamental aos demais.

Entenda-se que 'aos demais' significa: o Desenvolvimento Progressivo (adestramento) e o Desenvolvimento Completivo (aprimoramento).

Assim, o aluno deve passar pelas 'cinco fases', qualquer que seja sua capacidade ou potencial mediúnico, pois aprende a observar-se e a conhecer-se, e inicia um processo de expansão de sua sensibilidade psíquica, o que lhe será útil nas outras duas etapas do desenvolvimento (Progressivo e Completivo).

No item 'Observações sobre o Método', na pág. 43 da 4ª edição do mesmo livro, esclarece-se que: "6) Nas turmas, todos, sem exceção, seja qual for a mediunidade apresentada, devem ser submetidos ao crivo das cinco fases para desenvolver ou aprimorar a sensibilidade".

44) Como se processa o tratamento a distância?

Resposta - Através de uma das especialidades dos Grupos Mediúnicos. Trata-se de um grupo dedicado a doutrinações ou assistência espiritual a distância (também conhecido como "Samaritanos"). Consta do "*VER*, cap. 2.6 - Atividades Mediúnicas - Grupos Mediúnicos - Desenvolvimento, item 2, pág. 253". Ali se encontra o roteiro para essa tarefa que tem por base a emissão de vibrações amorosas ao assistido, e cuja corrente é formada, basicamente, por médiuns de incorporação e sustentação, preferencialmente apoiados por videntes.

45) É necessário o desdobramento para aplicarmos tal tratamento?

Resposta - Não é necessário este tipo de mediunidade. Se existir, poderá colaborar com a execução da tarefa, como um recurso a mais para ser utilizado, mas não é imprescindível.

46) Quais são os critérios utilizados para escolha dos nomes que serão tratados a distância?

Resposta - Serão tratados a distância os assistidos que se encontrem impossibilitados de comparecer ao Centro Espírita. Tal recurso é reservado para casos de real necessidade, não incentivando atitudes de facilitação ou comodismo (*VER,* Atividades Mediúnicas - Grupos Mediúnicos - Desenvolvimento, item 2, pág. 253).

47) Podemos tratar pessoas que desconhecem ou que até duvidam da eficiência deste trabalho?

Resposta - Não, não podemos. Para esses casos, diante de solicitações que nos sejam feitas por familiares ou amigos, contamos com a reunião de Vibrações, conforme o *VER*, cap. 2.7 - Vibrações, nº 2 - Vibrações Específicas - item 'a' - pelos doentes e necessitados.

48) É recomendável tratarmos alcoólatras ou drogados que desconhecem que estão sendo tratados?

Resposta - Não. Tratamentos espirituais e materiais requerem a adesão do paciente. Assim, precisamos estudar apuradamente o livro *Passes e Radiações*, Capítulo 23 - Radiações, com especial atenção ao item "6) Objetivos" e ao item "7) Parecer de Bezerra", onde se descreve detalhadamente o processo de atendimento aos sofredores na reunião das Vibrações, evidenciando-se a seriedade, disciplina e dedicação do Alto ao necessitado. Portanto, os nomes deles podem ser colocados nas caixas e cadernos de vibrações, para receberem preces e a atenção do Plano Maior, coletivamente, sem estabelecermos sintonia direta com seus graves problemas.

Parte III

Assistência Espiritual
Passes e Tratamentos

Parte III - Assistência Espiritual - Passes e Tratamentos

1) O passe cura todas as doenças? Ele resolve os problemas que nos assolam? Acaba com nossas dores e sofrimentos?

Resposta - Edgard Armond não deixou sem resposta essas indagações. No livro *PeR*, cap. 7, dividiu as doenças em "moléstias não curáveis" (ligadas ao resgate de dívidas pretéritas) e "moléstias curáveis" (ocasionais, passageiras, resultantes de transgressões atuais).

Nesse rol podemos incluir os males físicos, espirituais, psicológicos, afetivos, emocionais.

No dizer de Armond, a doença não curável está radicada na alma, reflete no corpo uma imperfeição interna do indivíduo e exige sua transformação moral.

Sendo assim, consta do seu programa encarnatório como um aviso de que precisa mudar. Sua libertação fica dependendo do êxito nessa transformação.

Quando o Espiritismo não pode curar, em virtude do compromisso cármico, pode sim propiciar alívio ao assistido, com consolo, descanso, resignação, humildade, paz. Isso, por si só, já representa dose terapêutica considerável.

É por isso que devemos entender o passe como sendo apenas um dos componentes da Assistência Espiritual oferecida por um Grupo da Aliança, não sendo necessariamente o mais importante.

O ambiente fraterno, acolhedor, calmo, silencioso, e a preleção evangélica criteriosamente estudada e preparada pelo preletor, favorecem um novo panorama mental ao doente. Ele assimila melhor o passe e gradativamente alicerça em sua alma a possibilidade da cura real, principalmente por ser estimulado a colocar em prática os ensinamentos de Jesus.

Acresça-se a isso a frequência do enfermo às sessões de Vivências Doutrinárias, ao Curso Básico, à EAE, possibilitando o suporte devido à modificação que lhe é exigida pela Lei Divina.

Jesus curou somente aqueles em quem os efeitos educativos da enfermidade já haviam atingido seu objetivo reequilibrante.

2) Quanto à alimentação nos dias de atividades, qual é a mais recomendada? Há problema na ingestão de carnes vermelhas e embutidos?

Resposta - A alimentação recomendada para o servidor de Jesus que atua nas tarefas da Assistência Espiritual deve ser leve, racional e sóbria, com abstenção de produtos tóxicos que impedem a capacidade radiante.

No selecionamento prevalecerão cereais, verduras, legumes e frutas. Os princípios nutrientes que a carne contém são encontrados com facilidade em outros alimentos: queijo, feijão, soja, leite, ovo, etc. A carne é alimento tão tóxico e desaconselhável quanto o fumo ou o álcool.

A alimentação do passista afeta os fluidos que doará; a dos demais integrantes da assistência espiritual também influi na vibração e harmonia do grupo e do ambiente (dirigente, entrevistador, recepcionista, encaminhador, corrente de sustentação, etc.).

Alimentação inadequada causa lentidão no processo digestivo e reduz o peristaltismo; exige alta irrigação no aparelho gástrico, subtraindo o suprimento sanguíneo do cérebro, gerando sonolência e cansaço; pode provocar episódios de refluxo gastroesofágico (queimação e azia), borborigmos e também gases intestinais e estomacais (arrotos e flatulência); interfere no odor da transpiração e no hálito. Por tudo isso, acarreta consumo anormal de energia que faltará para doação aos necessitados.

A ?724 de *OLE* ensina que a abstenção de alimentos animais será meritória se a praticarmos em benefício dos outros. Assim, visando ao benefício do próximo, cumpre ao servidor abster-se.

Enorme é o esforço dos Espíritos orientadores (encarnados e desencarnados) para nos elucidar sobre o tema, e não podemos alegar ignorância. Como alerta Ramatis, a responsabilidade começa exatamente onde também começa a consciência, e quando já se pode distinguir o justo do injusto, e o certo do errado.

Remetemos o leitor à resposta da ?5, da primeira parte, onde se encontra amplamente justificada a abstenção de todo e qualquer tipo de carne, no mínimo nas 24 horas que antecedem as atividades.

3) É necessário se abster de carne vermelha para trabalhar nas vibrações coletivas das quintas-feiras?

Resposta - O *VER*, cap. 2.7, diz que é recomendável que os responsáveis pela atividade sejam membros da FDJ. Também é certo que, devido à alta importância desse trabalho, é dever de outros discípulos e servidores do GA participarem desses encontros das quintas-feiras.

Portanto, de quem já caminhou até esse grau iniciático, é de se requerer que se prepare moral e fisicamente para a tarefa das Vibrações, inclusive abstendo-se de qualquer tipo de carne, já que se trata de um trabalho de curas e reequilíbrio espiritual baseado na emissão em grupo de radiações fluídicas.

Ocorre, porém, que podem participar das reuniões alunos de EAE que chegaram à 23ª aula, ou seja, que ingressaram no grau de aprendiz.

Estes, a partir da referida aula, apenas iniciaram contato com as lições do *GdA*, que tanto orientam acerca da purificação física e dos cuidados com a própria saúde, não se podendo exigir deles, repentinamente, tal preparação.

No entanto, não é vedado sugerir-lhes a referida abstenção, o que pode ser feito pelo próprio dirigente da EAE que encaminhou seus alunos, ou até mesmo por meio de um pequeno aviso impresso que contenha as orientações gerais sobre o que é o trabalho.

A participação deles nas Vibrações faz parte do período de sua adaptação psíquica (*Med*, cap. 20) visando, justamente, promover o seu equilíbrio geral, orgânico e psíquico, propiciando-lhe certo grau de autodomínio, harmonia e serenidade internas.

Prepara-os para, entre outras incumbências, ingressar no CM, onde as aulas iniciais de Passes os esclarecerão melhor sobre o corpo físico como sendo o 'santuário do Espírito encarnado'.

Portanto, aos servidores e discípulos presentes nas Vibrações é entregue responsabilidade dupla e direta: a sustentação dos bons resultados em favor dos doentes cujos nomes são anotados em fichas ou cadernos, e a criação e manutenção do ambiente vibratoriamente superior, para apoio e elevação dos aprendizes iniciantes. Daí a importância da alimentação não carnívora por parte dos servidores e discípulos para a tarefa.

Remetemos o leitor à resposta da ?5, da primeira parte.

4) O voluntário que falta à sua tarefa na assistência espiritual pode atuar normalmente no dia em que voltar ao trabalho?

Resposta - É oportuno aproveitar esta pergunta para, antes, tecer considerações muito úteis, aplicáveis a diversas outras situações e dúvidas sobre a rotina de um Centro Espírita e sua administração.

Os GA são iguais na medida em que se comprometem a aplicar os programas previstos no livro *VER* (EAE, CM, Assistência Espiritual Padronizada, EI, PM, ME).

Mas podem ser dessemelhantes em virtude de: limitações de espaço, características específicas de suas instalações, quantidade disponível de recursos para sua manutenção, particularidades do município e do bairro onde se localizam, tempo de existência, número de colaboradores, diversificação das equipes, quantidade de assistidos, perfil do público atendido, etc.

Assim, à Casa Espírita, além de se organizar em torno de um estatuto –exigência da lei brasileira–, também se sugere elaborar seu regimento interno, por consenso dos integrantes, para estabelecer orientações a serem seguidas em seu interior, em razão mesmo de suas especificidades.

Este regimento é um conjunto de normas claras, não necessariamente aplicáveis a pessoas não pertencentes ao Centro. Tal documento propicia entendimento entre os voluntários que desejam ali atuar, garante segurança nos mecanismos de funcionamento da instituição, facilita tomadas de decisões, indica responsabilidades e funções, regula relacionamentos internos ao Grupo e externos com o Grupo, e assim por diante.

Desse modo equilibram-se as atividades num todo harmônico e sistêmico, onde os setores interagem, visando à coerência e eficácia do conjunto.

Sem tal ordenamento torna-se árdua e precária a condução da Casa. "E não podemos esquecer que a ordem é a base da caridade." (Instrutor Druso - in *AeR*, cap. 1)

A pergunta formulada acima, aborda um desses aspectos que o dirigente do trabalho, já orientado pelo regimento interno da Casa, conseguirá tranquilamente resolver, sem correr o risco de praticar contradições, casuísmos, preferências, arbitrariedades, manipulações.

Do voluntário se espera comprometimento e assiduidade sem os quais se torna difícil a boa assistência do Alto. Assim, sugere-se que o não comparecimento seja previamente combinado com o dirigente do trabalho e que, em caso de ausência causada por imprevisto, seja o dirigente avisado.

Faltar uma única vez é diferente de faltar por três ou quatro trabalhos consecutivos. Assim, para a reintegração do colaborador às atividades, o número de faltas é fator que pode definir diferentes soluções, e estas devem ser previamente estabelecidas e conhecidas por todos. Daí ser essa uma das utilidades de um regimento interno para a Casa.

5) O que é recomendável para se manter atenção e concentração na sala de passes?

Resposta - O voluntário precisa ter sido bem treinado no CM, especificamente no módulo de Passes, que são as aulas iniciais do curso. Deve ter pleno conhecimento das tarefas que são levadas a efeito dentro da sala, pois se alternam os momentos de concentração (quando o voluntário deve "fechar-se para o mundo exterior" e valorizar as "ações do Espírito") com os momentos de atenção (quando deve estar atento às orientações do dirigente e/ou às suas ações nos movimentos do passe).

Necessário estar bem equilibrado, física e espiritualmente, daí a importância de sua preparação individual. Importante manter a disposição interior não só de 'dar passes', mas de 'doar-se dando o passe'.

Requer-se que o ambiente espiritual e vibratório na sala esteja elevado e condizente com a tarefa, em perfeita sintonia com os Bons Espíritos que atuam em conjunto com a equipe dos encarnados.

6) A indisciplina quanto ao tempo de duração da preleção evangélica prejudica o preparo dos colaboradores que aguardam na sala de passes?

Resposta - Qualquer tipo de indisciplina prejudica o bom andamento de qualquer tipo de atividade. Na sala de passes não há só a equipe dos encarnados, mas também a do plano espiritual. Os Irmãos Espirituais são caridosos, amorosos, mas também muito disciplinados e, como aproveitam toda oportunidade para auxiliarem os verdadeiros necessitados, não têm tempo a perder.

Para que nossa Casa seja digna da confiança da Espiritualidade Superior, devemos nos ocupar, em primeiro lugar, com a disciplina na organização e desempenho de nossas atividades.

"... Tanto a pontualidade quanto a assiduidade são pontos importantes do trabalho... Ordem mantida, rendimento avançado." (*Cdt*, André Luiz, cap. 3.)

Em *ChF*, de Adelino da Silveira, encontramos:

"(...) Todo trabalho para expressar-se em eficiência e segurança reclama disciplina. Aprendamos a controlar os horários de ação espiritual, a fim de que a perturbação não venha aparecer, em nossas tarefas, sob o nome de caridade. Peçamos a Jesus nos inspire e abençoe para isso. A ordem preside o progresso e, por isto mesmo, não podemos perder a ordem de vista, sob pena de desequilibrar, embora sem querer, o nosso próprio trabalho".

Toda indisciplina, seja ela na duração ou no conteúdo da preleção do Evangelho, no salão da Assistência Espiritual ou na Sala de Passes, prejudica o assistido, o colaborador encarnado e os cooperadores invisíveis.

7) Nos trabalhos de cura, como atuam os fluidos radiantes sobre o corpo físico e sobre o perispírito do assistido?

Resposta - Em nossas Casas, os atendimentos de cura são feitos através dos passes padronizados aplicados por equipes de voluntários, em conjunto com os benfeitores do Plano Espiritual, tendo apoio nas correntes magnéticas formadas por esses mesmos encarnados.

Os fluidos e energias transmitidos pelo passe atuam diretamente no perispírito do doente e daí se transferem para o seu corpo físico, de modo geral transitando pelos seus centros de força e chegando aos plexos nervosos, circulando por todo o organismo.

Tal processo provoca transformações no movimento específico dos agrupamentos celulares do perispírito e do corpo denso, normalizando o ritmo vibratório das correntes vitais do organismo, como bem esclarece o livro *PeR*, em diversos capítulos.

8) Podemos iniciar o tratamento de uma pessoa sem ser com o P2?

Resposta - O livro *VER*, cap. 2.9, item A, Assistência Espiritual - Adultos, dispõe que:

"Os passes adequados a cada assistido deverão ser definidos a partir do exame espiritual..., realizado por um Grupo Mediúnico de Consultas. Diversos Grupos Integrados adotam a prática de, no início da assistência espiritual, encaminhar o assistido diretamente para o P2, prática que tem comprovadamente apresentado bons resultados. Considera-se que, nos casos de perturbações espirituais, o início é sempre pelo P2; quanto a problemas de ordem física, uma harmonia espiritual previamente feita com o P2 garante maior eficácia na aplicação de P1 e P3A."

No cap. 15 do livro *PeR*, consta que o trabalho de P3B não deve receber doentes que não tenham passado pelo P2 e, na sequência, pelo CH.

Assim também, para ir ao P3A, o assistido deverá ter passado pelo P2 e, em seguida, pelo P1.

"A intensidade dos tratamentos é gradativa, justamente para reduzir ao mínimo a chegada de doentes ao P3 e nenhum doente deve ser submetido a este último tratamento diretamente, sem passar pelos demais, porque este tratamento é de reduzido rendimento." (*PeR*, cap. 14)

O P2 é um passe duplo e serve para atender as necessidades físicas do doente, bem como para atuar sobre o agente da obsessão espiritual que ele esteja sofrendo, de qualquer grau que seja: de 1º, 2º e 3º graus;

de simples encostos a casos complexos de vampirismo (*PeR*, cap. 12, item 2).

Assim, é coerente que seja utilizado de início o P2, cuja plena eficácia será atingida se a equipe se pautar pelo padrão elevado de sua condição.

Casos de gravidade significativa poderão ser submetidos pela equipe a imediata avaliação do Plano Espiritual, verificando-se a melhor providência a ser adotada, e obtendo as orientações necessárias.

9) Em um dia normal de Assistência Espiritual, no momento em que todos os tratamentos já foram iniciados e um assistido passa mal, qual a providência adequada? Qual passe poderemos aplicar?

Resposta - Os GA adotam o programa de Assistência Espiritual padronizada, pelo qual os assistidos recebem os tratamentos previstos no livro *PeR*: passe de limpeza, P1, P2, P3A, P3B, P4A, P4B (a letra "P" corresponde ao nome 'Pasteur').

Se uma pessoa passa mal, o dirigente da equipe deve assumir a condução dos procedimentos, estabelecendo diálogo com o assistido, mantendo-o consciente, tentando obter a descrição do que ele está sentindo, enquanto os demais integrantes se conservam em oração e firme sintonia com os Benfeitores Espirituais.

O dirigente pode determinar que um dos integrantes da equipe aplique movimentos transversais cruzados e simples (que são integrantes do *passe de limpeza*) –se necessário repetidamente– pois estes têm função dispersiva, desarticulam ligações fluídicas de possível obsessor, movimentam aglomerados fluídicos e retiram energias nocivas.

Na conversação com o doente, o dirigente deve tentar apurar as causas do mal-estar, indagar se ele é usuário de algum tipo de medicação, verificar se veio acompanhado por alguém e se tal pessoa o está aguardando, e conseguir outros dados e informações, sendo prudente não se fixar em hipóteses exclusivamente físicas ou unicamente espirituais.

Recomenda-se que a pessoa só se retire da sala de passes quando estiver se sentindo melhor. Se necessário, deve-se destacar algum colaborador da Assistência para permanecer ao seu lado, num outro aposento, para se certificar de que realmente está equilibrada.

Em casos graves, não deve ser descartada a alternativa de se solicitar socorro médico.

Para que os demais assistidos que aguardam sua vez de receber o passe não sejam esquecidos ou negligenciados, serão providenciadas soluções satisfatórias, tais como o dirigente se valer do auxílio de outra equipe que esteja presente na Casa, ou a de se reorganizar a equipe da própria sala em subdivisão. De todo modo, deve ser mantida total confiança na presença e atuação da Espiritualidade Superior, que a tudo supervisiona e que age rapidamente ao menor sinal de dificuldade.

10) Voluntário que na hora da preparação informa que não está bem, ou que já chega à Casa sem as devidas condições, poderá atuar na Assistência Espiritual?

Resposta - Uma coisa é 'não estar se sentindo bem' no momento da preparação. Outra coisa é chegar à Casa 'sem as devidas condições' para trabalhar. São situações bem diferentes.

Quem chega sem as devidas condições não pode atuar na Assistência Espiritual. Que se coloque como assistido e necessitado da Assistência. E que cuide de obter as condições corretas para a próxima oportunidade.

Quanto a 'não se sentir bem', tudo dependerá da intensidade do mal de que foi acometido ou do seu grau de indisposição. Dependerá também das respectivas causas, pois conforme forem estas, e enquanto durarem, ele não terá possibilidade de atuar.

Quanto a pequenos males e leves incômodos, comuns na vida agitada do meio urbano, não necessariamente impedem sua atuação.

Importa considerar que o voluntário consciencioso terá que saber avaliar-se, atendendo a todas as orientações do cap. 8 do livro *PeR*, quanto à sua qualidade fluídica.

Deverá, no entanto, conversar com o dirigente do trabalho ou com o entrevistador, de acordo com as normas da casa. Se apresentar alterações orgânicas, psíquicas ou emocionais, está em princípio desaconselhado de aplicar passes, pois só consegue transmitir harmonia quem está harmonizado.

Preventivamente, deverá cada voluntário aplicar, com assiduidade e perseverança, as orientações fornecidas no texto "Recursos do Cristão", estudado na aula 109 da EAE (livro *InE*) como preparação necessária, especialmente na véspera e no dia de atividade na Casa.

11) Podemos aplicar passes de adultos em crianças? Em que condição?

Resposta - Na Assistência Espiritual padronizada da Aliança, o atendimento às crianças é realizado em separado dos adultos, por uma equipe específica, preferentemente com integrantes femininas, respeitando a moderação nas aplicações e na densidade vibratória.

Portanto, tudo foi previsto para que a criança não receba os passes destinados a adultos, por serem inadequados ou até mesmo prejudiciais.

Em *PTE*, cap. X - Assuntos Diversos, item 1 - *A Criança*, Jacob Melo afirma:

"Se na alimentação, na vestimenta, nas posologias médicas, nos hábitos de dormir e de como se lhes distribuir as atividades, tudo na criança é diferenciado, como iríamos fazer-lhes doações fortes, abundantes hiperconcentradas, nos mesmos padrões dados aos adultos? A criança carece não só de fluidos 'finos', menos densos, como em quantidades proporcionalmente menores que os adultos."

O *VER*, cap. 2.9 - Assistência Espiritual, no item 'Participantes' (pág. 278) dispõe que a partir de 12 anos não haverá restrição para a criança frequentar assistência espiritual de adultos.

Cabe lembrar que, ao final do módulo Passes, por ocasião do exame espiritual, deve ser verificado, junto à Espiritualidade, se o aluno, ou aluna, tem condição fluídica para a aplicação do passe infantil. Poderá acontecer de, mesmo sendo do sexo feminino, a pessoa, naquele momento, só ter indicação para atuar em passes para adulto, o que não impede que, no futuro, e mediante nova verificação espiritual, essa situação se altere.

12) A aplicação incorreta dos passes (movimentos inadequados, tempos não observados, mãos fora de posição, etc.) poderá ocasionar algum problema ao assistido?

Resposta - O colaborador que não se observa, não estuda e não participa de reciclagens, não poderá ter o devido conhecimento das técnicas e se manterá ignorante, agindo em detrimento dos bons resultados desejados.

Se existe a padronização é para que os passes sejam aplicados com disciplina, objetivando a que tenham a melhor eficácia, sendo necessário manter as regras. Cabe ao dirigente a responsabilidade de observar e reciclar devidamente o colaborador.

Com cada passista agindo a seu modo, fica impossível aperfeiçoar os trabalhos, surgindo a indisciplina e outros vícios e defeitos mais graves, influenciando negativamente na transmissão do passe curador. (*PeR*, cap. 9, último parágrafo)

Necessário que a equipe mantenha estudo constante e fraternalmente se avalie ao final de cada trabalho. (*PeR*, cap. 26, item 7)

A aplicação incorreta pode prejudicar o assistido, principalmente se a equipe não estiver devidamente preparada e merecedora da proteção e da intervenção do Plano Espiritual Benfeitor.

13) Como agir com voluntário que se atrapalha na hora de dar o passe, por mais que seja lembrado da atuação correta (exemplo: pessoas idosas e muito simples)? Normalmente são pessoas dedicadas, assíduas e amorosas, mas apresentam esta característica. Devemos permitir sua atuação, mesmo que incorreta, pois a espiritualidade supre suas falhas?

Resposta - É de se supor que, em algum momento de sua trajetória, referido colaborador soube aplicar corretamente os diferentes passes. Do contrário, como se justifica ter sido aprovado no 'Módulo de Passes' do CM, e ter sido enviado para atuar numa sala de passes?

A responsabilidade do dirigente do CM não pode ser transferida para o dirigente da Assistência Espiritual.

É dentro do Curso que se define o correto encaminhamento da pessoa apenas para as tarefas que tenha real condição de executar, orientando-a quanto àquilo que não está apta a realizar.

São inúmeras as frentes de trabalho numa Casa Espírita, não se justificando a obstinação em se praticar algo que não se pode.

A Espiritualidade supre nossas limitações eventuais em situações específicas, mas não de modo infindável e muito menos para alimentar a nossa permanência ou reiteração no erro.

Considere-se o dispêndio de energia dos Benfeitores Espirituais que a deveriam estar aplicando no auxílio ao assistido, que é o verdadeiro necessitado. Além disso, tal situação não deixa de trazer desconforto e desconcentração à equipe dos encarnados, que estão o tempo todo preocupados em corrigir e orientar o passista.

Não é correto transferirmos aos Espíritos as iniciativas que nos competem. Da mesma forma não nos cabe comprometer a eficiência e bons resultados do passe, autorizando a sua aplicação 'incorreta'.

Voluntários com o referido perfil representam casos bastante pontuais e isolados, não representando o que acontece em geral.

Pessoa nessa condição requer solução individualizada e fraterna, construída em conjunto com o dirigente responsável, buscando-se a melhor utilização de suas características positivas nas diversas atividades da Assistência Espiritual ou de outros setores da Casa.

O eventual aproveitamento de tal colaborador numa equipe de passes, exclusivamente como elemento de sustentação na corrente, exige que ele assuma compromisso de cumprir com todos os requisitos obedecidos pelos demais companheiros, entre os quais a correta preparação física e espiritual, além de participação constante nas reciclagens oferecidas e nos grupos de estudo organizados.

14) Qual a importância das mãos na aplicação dos passes? Elas têm valor significativo nos passes padronizados?

Resposta - A mente preside todo o fenômeno, porém é com as mãos que o passista realiza os movimentos convencionados e necessários de cada passe padronizado, conduzindo fluidos e energias para o doente.

Por meio das mãos são canalizados para o assistido as energias e fluidos que, do contrário, estariam disponíveis, porém dispersos.

Os passes padronizados foram concebidos em conjunto com a Espiritualidade para serem aplicados através das mãos posicionadas de modo cientificamente explicado no conjunto da obra de Edgard Armond.

15) Sabemos que existe uma sequência de passes a ser aplicada no assistido. Porém, o que devemos fazer com o assistido, se não tivermos todos os passes implantados? (Exemplo: O assistido foi até o CH e não temos o P3B). O que faremos com ele, então?

Resposta - Não se pode subestimar o valor e a eficácia dos passes P2, CH, P1.

Como se sabe, o P2 é um passe de dupla finalidade e serve para atender às necessidades físicas do doente, bem como para atuar sobre o agente da obsessão espiritual que tal doente esteja sofrendo, de qualquer grau que seja (1º, 2º, 3º graus; de simples encostos a casos complexos de vampirismo). (*PeR*, cap. 12 - item 2)

Quanto ao CH, é eficiente processo de desobsessão, cuja aplicação em sessões continuadas produzirá cura ou melhoria acentuada, em razão de reduzir as atividades maléficas dos obsessores, sendo que "quanto mais poderosa for a corrente, em número e força, e mais evangelizados os seus componentes, tanto mais eficientes serão os resultados do trabalho". (*PeR*, cap. 13, item 3)

Ainda no CH, "nos casos mais rebeldes, os membros do grupo formarão uma corrente, dando-se as mãos..." (*PeR*, cap. 13, item 2)

Além disso, "a intensidade dos tratamentos é gradativa, justamente para reduzir ao mínimo a chegada de doentes ao P3 e nenhum doente deve ser submetido a este último tratamento diretamente, sem passar pelos demais, porque este tratamento é de reduzido rendimento." (*PeR*, cap. 14, pág. 117, 3ª edição).

Portanto, a Casa que não conta com grupo treinado para os atendimentos de P3B e P3A, oferecerá os tratamentos para os quais está preparada, esmerando-se na qualidade da equipe de passes e de seus componentes. Isso permitirá resultados satisfatórios para a grande maioria dos casos, principalmente se forem merecedores do apoio da Espiritualidade Superior.

Sendo imperativa a necessidade do P3B ou do P3A, constatada por exame espiritual, o assistido poderá ser encaminhado a um GA mais próximo, com a recomendação para que receba o tratamento.

Ao mesmo tempo, a Casa procurará, sem acomodações, ir formando os médiuns necessários para constituir o futuro grupo responsável pelos trabalhos P3.

16) No dia de Assistência Espiritual, se colaboradores chegarem à Casa com necessidades, qual será a prioridade de atendimento, assistidos ou colaboradores?

Resposta - A ordem de chegada das pessoas à Casa Espírita é normalmente o critério para se definir quem será atendido antes ou depois, não importando se são assistidos ou colaboradores.

Porém, em situações de maior necessidade, não importando se a pessoa é frequentadora ou voluntária, a prioridade será estabelecida pelo tipo e grau de urgência que se apresenta. Podem influir aí, também, os fatores referentes ao fato de o necessitado ser idoso, gestante, mãe com criança pequena, pessoa com necessidades especiais.

Se alguém chega apresentando um desajuste significativo qualquer, será prontamente atendido, não importando sua posição.

17) O que é mais importante, a cura do corpo ou a do Espírito? Quem purifica o Espírito consegue a cura verdadeira?

Resposta - O cap. 7 do livro *PeR* –Moléstias Não Curáveis e Curáveis– ensina que o verdadeiro aspecto da questão está no entendimento do que é causa e do que é efeito, referentemente aos males que nos acometem.

Há doenças passageiras e circunstanciais, produzidas por transgressões atuais praticadas pela pessoa, que podem ser curadas pela medicina material em conjunto com a espiritual, ou por uma destas isoladamente.

Outras moléstias são fruto do compromisso cármico, necessárias à evolução do Espírito renitente. Estão ligadas a desajustes entranhados na essência do Ser, dos quais a criatura precisa tomar consciência e reconhecer que os possui, e entre os quais se encontram seus vícios e defeitos.

As práticas curadoras legítimas propugnadas pelo Espiritismo procuram alicerçar a cura do homem na sua reforma interior. Do contrário, qualquer melhora obtida será passageira, pois a causa verdadeira da doença não terá sido eliminada.

A moléstia opera no indivíduo os efeitos necessários ao seu progresso moral. 'O corpo queima para que o Espírito se purifique', e as leis espirituais erguem barreiras intransponíveis enquanto a reabilitação da alma não é obtida.

Por essa razão, o Grupo da Aliança, embora atenda às atividades secundárias (como a Assistência Espiritual padronizada), de caráter consolador, deve primar pelos trabalhos destinados a realizar a finalidade principal do Espiritismo, referentes à evangelização do ser, e sem jamais prometer a cura.

Do contrário, carreará para si a responsabilidade de ter mantido o assistido em estado de ignorância, equívoco e ilusão.

Nesse sentido, nunca é demais estudar no *ESE* o "cap. V: Bem-aventurados os aflitos".

18) Qual o roteiro a seguir no tratamento P3B?

Resposta - Primeiramente, devemos estudar o *PeR*, cap. 15.

O assistido já deverá ter passado pelos atendimentos de P2 e de CH, e a indicação P3B deverá terá sido feita pelo exame espiritual de sua ficha.

Armond estabelece similaridade entre P3B e P3A, já que o P3A é destinado a perturbação material grave e o P3B é destinado a perturbação espiritual grave. Os dois estão, na sequência qualitativa padronizada, caracterizados como tratamentos avançados.

Assim, conforme o texto, a corrente do P3B é idêntica à formada para o P3A, ou seja: é formada por médiuns de cura ou possuidores de boa capacidade de doação de fluidos e ectoplasma; estes fluidos, na aplicação, são somados àqueles doados pelos operadores espirituais, protetores ou auxiliares do trabalho; terá o mínimo de cinco membros aptos à doação de fluidos e vibrações, sendo conveniente a existência entre eles de médium vidente e médium de incorporação.

O dirigente da equipe do P3B já terá em mãos a ficha do assistido, que lhe chegará por meio de circulação interna à Casa. Na ficha existem as indicações e informações sobre precedentes e tratamentos anteriores.

Por analogia ao P3A, também no P3B serão feitas entrevistas semanais com o doente, para melhor acompanhamento (*VER*, cap. 2.9 - Assistência Espiritual - Indicação Prática do P3A - pág. 297).

O número de sessões, normalmente, é de quatro (por similitude com o P3A), podendo a Espiritualidade Superior determinar de outra forma.

No dia do atendimento, o assistido receberá o passe de limpeza, ouvirá a preleção e, no momento designado para isso, será chamado a adentrar a sala.

A orientação do texto é no sentido de que somente em último caso se lance mão da doutrinação. Portanto, a técnica consiste em:

a) dirigente procede às verificações do caso, para poder orientar o tratamento;

b) procura-se conhecer o tipo de ligação porventura existente entre encarnado e obsessor;

c) se houver impedimento cármico, o tratamento se restringe a vibrações e preces em benefício do doente;

d) se não existir impedimento, utiliza-se projeções fluídicas coloridas da corrente diretamente para o obsessor visando o seu desligamento e consequente afastamento;

e) em caso negativo e de recalcitrância deste se recorrerá à doutrinação pessoal;

f) tudo se processa em total e permanente entendimento com os protetores e auxiliares do trabalho;

g) se necessário, será utilizada a ajuda da intervenção mediúnica, inclusive para o controle da situação em geral.

19) Qual o roteiro a seguir no tratamento P3A?

Resposta - Deve ser seguido o contido no livro *PeR,* cap. 14 - Pasteur 3A, em conjunto com as orientações descritas na obra *MEC*, 3ª parte - Cromoterapia - caps. V e VI, aplicáveis quando necessárias. No item 4 do cap. VI, encontra-se a descrição daquilo que se chama de 'aplicação geral'.

20) Existe o passe CH-2 (CH com corrente de mãos)? Este poderá substituir o P3B?

Resposta - Não existe o passe CH-2, porém existe o passe CH com corrente de mãos (*PeR*, cap. 13, item 2, Parte Prática), para atender os casos mais rebeldes.

Não substitui o P3B, mas é antecedente deste. A sequência qualitativa é: P2, CH e P3B, sendo que este último não deve receber assistidos que não tenham passado pelos dois primeiros.

Em caso de não haver atendimento de P3B na Casa Espírita, ressaltamos que o P2 e o CH eliminam a maior parte dos problemas de influenciação espiritual, principalmente se aplicados por equipe bem preparada e organizada em todos os sentidos.

21) Atuando na recepção ou mesmo no passe de limpeza, qual a conduta adequada para atender pessoas alcoolizadas ou sob o efeito de drogas?

Resposta - Cada GA, em virtude de suas condições específicas, localização da Casa, natureza de suas instalações, horários de funcionamento, entre outras características, deverá se organizar para definir como procederá em cada caso (ver resposta à questão 4 deste capítulo, acerca da autorregulação da Casa).

No entanto, podemos dizer que o acolhimento a ser oferecido ao embriagado consiste em recebê-lo com respeito, consideração e humanidade.

Solução possível é designar-se voluntário para tentar estabelecer diálogo com tal necessitado, em local à parte, e sob convite fraterno, quando se explicará que é muito importante que se apresente sóbrio quando retornar à Casa. Tal voluntário permanecerá junto ao indivíduo enquanto for necessário. Procurará saber seu nome para anotar e, posteriormente, colocar na caixa de vibrações. O único passe eventualmente cabível, e se for o caso, é o de limpeza, se ele assim o solicitar. O próprio colaborador que com ele estiver conversando poderá aplicá-lo.

Não convém tal pessoa ingressar no recinto da preleção, pois os demais assistidos não podem ser prejudicados pelo seu desequilíbrio. Também não é o caso de adentrar a sala das entrevistas, pois não terá qualquer proveito, além de eventualmente ser inconveniente em virtude da localização da sala e da forma de circulação nos ambientes.

Lembremos que o tratamento espiritual é composto por três etapas indispensáveis e interligadas: a) recepção e passe de limpeza, quando o assistido se harmoniza com as energias positivas da Casa e se liberta dos fluidos pesados que trouxe consigo; b) a preleção pela qual, mediante as palavras do Evangelho, procura-se que ele se interiorize e mude seu panorama mental, desfazendo conexões prejudiciais do pensamento; c) o passe propriamente dito.

Esses três momentos funcionam em sequência ininterrupta e encadeada, no tempo indicado para cada uma, e nenhuma delas pode ser suprimida, sob pena de se prejudicar todo o conjunto do trabalho, frustrando-se o resultado que se espera do atendimento.

Aplicar-se qualquer tratamento espiritual ao alcoolizado ou drogado, sem que ele tenha a condição de assimilar a preleção evangélica, nenhum efeito fará, além de criar desequilíbrio na sala de passes onde todos os demais frequentadores têm o direito de receber ajuda.

O passe, para surtir efeito, requer empatia entre doador e receptor, e sintonia deste com Jesus. O alcoolizado tem pouco ou nenhuma condição de estabelecer tal tipo de ligação.

Lembramos André Luiz em *Cdt*, cap. 28: "*Proibir ruídos quaisquer, baforadas de fumo, vapores alcoólicos, tanto quanto ajuntamento de gente ou a presença de pessoas irreverentes e sarcásticas nos recintos para assistência e tratamento espiritual. De ambiente poluído, nada de bom se pode esperar*".

Ainda, no mesmo livro - cap. 3: "*Pessoas alcoolizadas podem participar das reuniões doutrinárias?*

— Não. Cabe ao dirigente impedir, sem alarde, a presença delas nas assembleias doutrinárias, excetuando-se, evidentemente, as tarefas programadas para tais casos. A caridade não dispensa a prudência."

22) O voluntário precisa passar por entrevistas e tratamentos periodicamente?

Resposta - O voluntário que se encontra sadio, espiritual e fisicamente, não necessita de tratamentos. No próprio trabalho de assistência onde atua, ele se recompõe sempre com saudáveis energias magnéticas e espirituais, especialmente se obedecer aos requisitos de servidor que se prepara com responsabilidade (*PeR*, caps. 8 e 28, entre outros).

Porém, nada impede que recorra periodicamente ao setor de entrevistas e solicite uma avaliação, seguindo nisso as normas da sua própria Casa Espírita, para receber orientação do colega plantonista e também do Plano Espiritual através do Colegiado Mediúnico.

Não há de esquecer que um diálogo prévio e fraternal com o seu dirigente de equipe pode auxiliá-lo a ponto de ser dispensável a consulta ao plantão.

É salutar e correto o colaborador não se tornar dependente de tratamentos prolongados por qualquer problema, devendo socorrer-se sempre dos "recursos do cristão" (aula 109 da EAE/cap. 58 do *InE*), lembrando que alguns males e perturbações representam tentativas de Espíritos de afastá-lo das tarefas assumidas.

23) O voluntário pode pedir para receber passes?

Resposta - Ainda dentro do respeito à dinâmica adotada pela Casa onde atua, caso sentir necessidade, conversará com o seu dirigente de equipe e/ou com o colega entrevistador, e sua ficha será avaliada pelo Grupo Mediúnico, que orientará e indicará ou não o tratamento pelo passe.

A prática de se 'automedicar', escolhendo diretamente este ou aquele tipo de passe não é conduta recomendada.

24) O voluntário pode enviar seu nome para o Grupo Mediúnico por própria conta?

Resposta - Não é a melhor prática. Adequado é procurar o dirigente da atividade em que colabora, ou o setor de plantão/entrevistas, e conversar sobre suas dificuldades. O dirigente consciente de suas funções, ou o companheiro entrevistador, saberá como agir para prestar a devida orientação, o encaminhamento apropriado e o socorro necessário, além de, assim, serem desestimulados os excessos.

25) O médium vidente, que está vendo e acompanhando a atuação dos fluidos radiantes, e cita as cores que está vendo, está incorrendo em algum erro? Por que não as citar, se poderá contribuir para a atuação do Grupo?

Resposta - Estamos partindo do princípio de que a pergunta não se refere às assistências prestadas pelas equipes de passes de limpeza, P2, P1, CH, P4A, P4B. Não faz parte da dinâmica destes, a citação ou verbalização de cores.

Assim sendo, não se encontra orientação contrária à citação das cores nas obras *PeR*, *VER*, e *PrM*.

No livro *MEC*, na 3ª Parte, Cromoterapia, cap. VI - Aplicações Práticas, item 4 - Aplicação Geral, há uma nota da editora (no rodapé) que menciona o "consenso no sentido de se evitar o nome para nuanças de cores, para facilitar o treinamento, a padronização e a mentalização das cores".

Nuança, ou nuance, significa tonalidade: alteração da cor, de modo gradativo. Nuances são todos os tons conseguidos para uma mesma cor, do mais escuro até o mais claro.

Entende-se, então, que a simples menção, por exemplo, a ser o 'verde claro' ou 'verde escuro' não incorre na restrição à extensa lista de nuances.

Neste livro, ainda (parte Cromoterapia, cap. III), é muito importante que se estude acerca das propriedades das cores, para que se efetuem aplicações corretas e, também, para melhor compreensão das intervenções do Plano Espiritual.

Quanto aos médiuns videntes, sensitivos ou de incorporação, cabe--lhes fornecer as informações que lhes forem pedidas pelo dirigente, no ato, o que pode incluir referência a cores, colocando à sua disposição as faculdades que possuem, para que os problemas orgânicos e espirituais de assistidos sejam solucionados. (*VER*, cap. 2.9 -Assistência Espiritual - item 'Questões Práticas' - texto 'Pasteur 3B – doutrinação': orientação que se aplica ao P3A e outros atendimentos).

26) O grupo de sustentação deve reativar os chacras?

Resposta - Sim, é necessária a reativação dos chacras de todo voluntário que se dedica às práticas espíritas padronizadas da Aliança, sejam elas de desenvolvimento mediúnico, ou de atuação em grupos de sustentação, ou de ações no campo das curas.

O livro *PeR*, no primeiro parágrafo do cap. 19 - *Reativação dos Centros de Força*, esclarece: "Conforme vimos no cap. 2, é conveniente a reativação dos Centros de Forças nos casos de desenvolvimento mediúnico e no campo das curas. Assim, estudamos um processo simples, mediante o qual se pode alcançar esse objetivo de maneira segura e eficiente."

27) Há divergência quanto ao procedimento da reativação dos chacras feita por diferentes equipes de trabalho? Não seria adequada a criação de um guia para os dirigentes destas atividades?

Resposta - Uma vez bem estudado o contido no livro *PeR*, cap. 2, bem como seguidos integralmente os procedimentos descritos no seu cap. 19, o que é facilitado pelas ilustrações fotográficas ali contidas, não há como existirem divergências. Consequentemente, é desnecessária a criação de um guia.

28) Há Grupos de Aliança em que são os mesmos voluntários para todos os trabalhos da Assistência Espiritual. A reativação dos chacras é feita uma só vez ou a cada nova atividade executa-se o procedimento?

Resposta - A reativação dos centros de força (chacras) ocorre somente uma vez, no momento da preparação. Quando encerramos uma tarefa e iniciamos outra, não se trata mais de uma preparação, mas sim de se estabelecer sintonia com outra equipe espiritual, ou seja, com os Irmãos da Espiritualidade responsáveis por aquela outra atividade, não sendo necessária nova reativação.

29) Por que não reativamos os chacras para dar passe de limpeza?

Resposta - A reativação dos centros de força é prescrita para duas situações bem definidas: para praticar o desenvolvimento mediúnico (Curso de Médiuns) e para atuar em atividades de curas (salas de passes).

Na prática diária da Assistência Espiritual padronizada, a reativação dos centros de força é sempre antecedida da formação de uma corrente de colaboradores onde se busca a prévia harmonização psíquica, física e fluídica dos seus integrantes, e sempre já dentro da sala de passes. (*PeR*, caps. 19 e 26; vídeo *Passes e Radiações*, no trecho iniciado em 9min21seg)

Somente após atingido o equilíbrio, desfaz-se a corrente e tem início a reativação.

A corrente inicial oferece o indispensável ambiente sustentado para que se possa fazer a utilização da potente Força Primária, pois a mobilização de tal energia requer os devidos cuidados.

O cap. 26 do *PeR* (Esquema de Funcionamento do Trabalho de Passes) estabelece etapas bem definidas para a Assistência, sendo que o preparo dos passistas na sala dos passes, incluindo a reativação referida, ocorre concomitantemente à exposição para os assistidos de tema baseado no Evangelho, em andamento na sala de preleções.

Como a reativação é obrigatória na preparação feita no recinto dos passes, e como, em virtude da possante energia envolvida, só pode ser realizada uma única vez, não há que se falar em reativação no passe de limpeza que é aplicado logo que se adentra a Casa Espírita.

Não fosse assim, seriam duas as ações de reativação, ou seja, uma antes do passe de limpeza, e outra na preparação já dentro da sala de passes, o que é totalmente desaconselhado.

30) Os voluntários que dirigem as diferentes atividades da Assistência Espiritual, necessitam fazer a reativação dos chacras?

Resposta - Sim. Se estiverem atuando na direção de salas de passes, ou na direção de grupos mediúnicos, por exemplo, os dirigentes participarão da sintonia da corrente e da reativação dos centros de força, integrando-se assim ao patamar vibratório da equipe, para não ser um elemento destoante no ambiente de atendimento. Assim participará de todo o roteiro de preparação junto com os demais voluntários. (*VER*, cap. 2.9, 2ª parte - Preparação de Trabalhos Espirituais; livro *PeR*, cap. 26 - item 4)

31) Como executar de forma correta a reativação dos centros de força? (Há voluntários que demoram demasiadamente citando detalhes de cada chacra e outros que agem muito depressa, nem dando tempo de percebermos o que está sendo feito).

Resposta - Nesta questão se apresentam duas condições que devem ser evitadas: a demora ou a rapidez demasiada. A forma correta e adequada para reativação dos centros de força está descrita no livro *PeR*, cap. 19, e deve ser estudada com bastante atenção.

A sequência dos movimentos para a reativação tem um ritmo natural e, normalmente, dura de 3 a 5 segundos a permanência da mão direita sobre cada chacra. No capítulo referido consta que a aplicação pode ser um pouco mais demorada no chacra gástrico, e deve ser suave e breve nos centros cardíaco e frontal.

32) Por que é necessária a corrente de mãos no P2 e não há esta necessidade no CH? Os integrantes do Grupo Mediúnico em atividade precisam de corrente de mãos? No P3B existe a necessidade desta corrente?

Resposta - Em todos os trabalhos mediúnicos deve haver a preparação dos colaboradores. Ler o *VER*, cap. 2.6, Grupos Mediúnicos - Preparação dos Trabalhadores, item a) - Sintonia da corrente".

Ler também o *PeR,* cap. 26, item 4 - Preparação dos Passistas. Nessa preparação há o item c - Sintonia da Corrente: "os elementos dão-se as mãos e aguardam mais ou menos o tempo de 1 minuto, até que todos se sintam perfeitamente aptos para o trabalho".

Sugere-se também a leitura em *TPE* in *PrM,* item 4, Correntes Magnéticas, e do livro *Med*, cap. 21 - Adaptação Psíquica - A Corrente, para compreensão do significado e importância da corrente de mãos, e de quando se faz necessária ou não.

A ligação de mãos no P2 é necessária porque, embora a atitude dos integrantes da corrente seja a de vibrar amor para os obsessores, essa mesma corrente veicula fluidos magnéticos (animais) que vão se unir aos fluidos finos captados do Alto pelo operador, servindo de base de apoio para o aplicador passista. Esse conjunto de energias é que atuará sobre o corpo físico do assistido (*TPE* in *PrM*, item 4.4 - Correntes Magnéticas - observações).

Já no CH, o verdadeiro assistido é o obsessor (Espírito). O benefício para o encarnado (Alma) é consequência do atendimento ao obsessor. Tanto a corrente aberta quanto o aplicador passista vibram amor pelo obsessor (Vídeo *Passes e Radiações* – trecho 15min36seg).

A imposição de mãos feita acima da cabeça do encarnado, polarizando as forças do Alto, visa apenas desconectar as duas mentes (encarnado e obsessor); a corrente, sem dar as mãos, vibra pelo coração e mente do obsessor. Não há veiculação de fluidos magnéticos (animais) para doação ao corpo físico do assistido. Somente em casos excepcionais, e raros, se fecha a corrente (no CH para casos graves), quando o objetivo é fortalecer o equilíbrio psíquico dos componentes para manterem a vibração de amor para o obsessor (ver resposta à questão 73).

Quanto aos grupos mediúnicos, a questão da corrente está explanada no *VER*, cap. 2.6 - Atividades Mediúnicas, item Grupos Mediúnicos.

No tocante ao P3B, o cap. 15 do livro *PeR* ensina que o trabalho é feito com corrente de mãos.

33) Onde obter maiores esclarecimentos sobre corrente magnética?

Resposta - Recomenda-se a leitura e estudo dos seguintes textos:

a) livro *Med*, Segunda Parte, cap. 21 - Adaptação Psíquica - A CORRENTE;

b) livro *PrM* - Trabalhos Práticos de Espiritismo, 4.4 - Correntes Magnéticas;

c) livro *DMd*, Parte IV - Desenvolvimento Completivo - Correntes de Cura.

34) A troca constante de voluntários atrapalha a harmonia da corrente?

Resposta - Primeiramente, tenhamos em conta que, ao se reunir uma equipe para tarefa na Casa Espírita, também se organiza outra equipe correspondente no Plano Espiritual.

Assiduidade e compromisso criam harmonia vibratória entre os encarnados, e também entre estes e o grupo invisível, vinculando-os.

Os cooperadores do espaço passam a ter um mapa relativo às possibilidades do grupo, podendo sempre preparar, com antecedência, as atividades para as reuniões seguintes. Isso pode incluir os guias individuais dos encarnados, que passam a integrar as tarefas.

Alterações na equipe encarnada exigem providências dos Espíritos. Uma das razões envolve aspectos de afinidade fluídica entre os dois planos, alcançada por ação dos Benfeitores que efetuam cuidadosas adaptações, as quais levam algum tempo para se perfazerem.

Para dizer o menos, cada médium tem um 'perfil fluídico' ou 'perfil vibratório', adequado a socorrer essa ou aquela entidade, sofredora ou obsessora, conforme possa suportar.

Tarefas que exigem capacidade de desdobramento, por exemplo, necessitarão ser revistas, em não havendo médium para tanto. E assim por diante.

São necessários certos cuidados na execução destas trocas; o tempo que o voluntário precisa para adaptar-se à tarefa, aprender e produzir frutos é variável, e dependerá das condições de cada um. Portanto o dirigente atento saberá estabelecer o prazo ideal que, no mais das vezes, não será o mesmo para todos.

No livro *NDM*, cap. 17 - Serviço de Passes, o Espírito Conrado diz que nos serviços de atendimento há colaboradores espirituais devidamente fichados, como ocorre a médicos e enfermeiros num hospital terrestre. Na sequência, André Luiz lhe pergunta:

"— E os médiuns? são invariavelmente os mesmos?"

"— Sim, contudo, em casos de impedimento justo, podem ser substituídos, embora nessas circunstâncias se verifiquem, invariavelmente, pequenos prejuízos resultantes de natural desajuste."

No livro *PTE*, de Jacob Melo, encontramos no cap. X, item 16-As equipes:

"... uma equipe de passistas não deve estar mudando de membros muito regularmente, já que as condições de harmonia e de afinidade entre eles são fundamentais para um proveitoso trabalho... Portanto, muito bom se prepararem boas, pontuais e responsáveis equipes de passistas, a fim de se evitarem os transtornos decorrentes de falta ou substituições intempestivas dos seus membros."

35) As atividades preparatórias (ambiente e voluntários) são feitas somente uma única vez, ou a cada nova atividade executamos os procedimentos?

Resposta - Quanto às atividades preparatórias, há dois momentos importantes. O primeiro é a preparação do ambiente da Casa antes de se abrir a porta aos assistidos, e o ideal é que todos os colaboradores participem dessa preparação inicial. Tanto é que "os voluntários que chegarem, por qualquer motivo relevante, após a preparação inicial, devem, tomado o passe de limpeza ao adentrarem ao Centro Espírita, se recolher em profunda prece antes do contato com os assistidos". (*VER*, cap. 2.9 - Atividades preparatórias).

O segundo momento ocorre concomitante à preleção evangélica aos assistidos, antes de se iniciarem os passes ou atividades mediúnicas (*PeR*, cap. 26, item 4).

Essas atividades são realizadas apenas uma vez.

Se houver diferentes tarefas programadas para o dia, em sequência, será feito o encerramento da primeira, efetuando-se o reequilíbrio da corrente e a reposição de energia.

Em seguida, promove-se a mudança de sintonia mental para ocorrer a ligação com a nova Equipe Espiritual, ou seja, com aquela que é responsável pela segunda atividade.

Verifica-se se o ambiente está adequado e fazem-se os ajustes que forem necessários, sem, contudo, ter que cumprir todo o processo da preparação como o fizemos inicialmente.

36) No caso de haver um pequeno número de médiuns, mas o suficiente para se compor uma corrente, podemos formar o círculo ou será mais aconselhável o passe coletivo?

Resposta - Os passes padronizados estão minuciosamente descritos no livro *PeR*, inclusive quanto à indicação do número mínimo de colaboradores para cada tipo, bem como o formato de cada corrente, a função de cada participante, o posicionamento das cadeiras, a colocação do assistido, etc.

Por exemplo, no caso do P1, é preciso que haja na sala de passes o mínimo de cinco voluntários, já que a corrente obrigatoriamente deve ser fechada e possuir quatro participantes, sendo que o quinto elemento será o aplicador. Se a corrente tiver três componentes, não será possível aplicar o P1 que, por princípio, estará descaracterizado.

O Passe Coletivo é importante recurso quando não se tem o número mínimo de colaboradores prescrito para cada passe padronizado.

37) Qual a orientação a uma Casa Espírita que não tem P3B e oferece apenas os passes P1, P2, CH e P3A? O que fazer com os assistidos, se não tem todas as atividades implantadas?

Resposta - Por diversas razões, há Casas que não conseguiram, ainda, implantar todos os atendimentos padronizados previstos para a Assistência Espiritual.

Porém, é oportuno lembrar que o trabalho em Aliança se baseia no auxílio mútuo, para que suas Casas cumpram as finalidades superiores de evangelização pela reforma íntima, buscando manter a uniformidade das práticas em suas tarefas.

Assim, a AEE empenha-se em apoiar e fortalecer seus Grupos através de suas Regionais e das diversas Equipes que são organizadas para este fim. O GA que não possui alguma das atividades previstas pode socorrer-se dos Cursos oferecidos em sua Regional visando à sua oportuna implantação, além de solicitar visitas de orientação a Coordenadores e Casas Conselheiras.

Na situação específica, uma solução possível é encaminhar o assistido a uma Casa da Aliança que for mais próxima para o assistido e que tenha o atendimento de P3B.

Ainda, remetemos o leitor à resposta da ?8 deste capítulo, onde se demonstra que são reduzidos os casos que devem chegar aos atendimentos P3, já que os demais passes, quando bem ministrados, alcançam plena eficácia se a equipe estiver pautada pelo padrão elevado de sua condição.

38) Existe um número determinado de sessões para o assistido receber o P3B?

Resposta - Todos os passes padronizados obedecem ao número mínimo de 4 aplicações (uma vez por semana) e cada série é sucedida pelo Exame Espiritual da ficha do assistido.

O cap. 26 do *PeR* indica que os passes P1 e P2 são aplicados em séries de 4 atendimentos, ou seja, por 4 semanas.

Por sua vez, o *VER*, estabelece que P1, P2, P4A e P4B são ministrados em quatro aplicações, com frequência semanal.

Assim, entende-se que os demais tipos de passes das respectivas sequências, quais sejam os CH, P3B e P3A obedeçam a séries de quatro semanas.

No caso específico dos atendimentos P3A e P3B, poderá acontecer de o próprio Plano Espiritual recomendar à equipe aplicadora, durante uma das sessões de atendimento, a cessação do tratamento, por já terem alcançado o seu objetivo –antes de completar as 4 semanas–, ou, no sentido contrário, a de se realizar mais uma ou duas sessões, providência que poderá ser corroborada pelo Grupo Mediúnico que examina as fichas dos doentes.

39) Há casos de assistidos que chegam a um GA, vindo de outros Grupos, onde vinham recebendo o P3B por vários anos, sem alta ou outra orientação que colocasse um fim ao tratamento. É possível tal prática?

Resposta - Há fortes motivos para se crer que se trata de fato absolutamente isolado diante da imensidão de assistidos que são acolhidos, diariamente, pelos GA existentes nas diversas Regionais.

Mas podemos dizer que tal situação deverá ser encarada com simplicidade, recebendo o doente como se recepciona qualquer outro, passando-o por todas as etapas (recepção, passe de limpeza, entrevista, orientação, preleção, passe P2, exame espiritual para indicar os próximos tratamentos, etc.).

Não há a menor necessidade de se avaliar ou julgar os procedimentos adotados no GA anterior.

O oferecimento da Assistência independe do que ocorreu em outro Grupo e deverá cuidar de esclarecer adequadamente aquele doente bem como o familiar que o acompanhe, se for o caso, sem proferir qualquer observação ou crítica sobre o histórico anterior.

Seguir-se-á a padronização, aplicando-se a sequência qualitativa espiritual: quatro vezes de P2, CH, P3B, intercalados pelos exames da ficha no Colegiado de Consultas; ou a material: quatro vezes de P2, P1, P3A, com as avaliações do Colegiado interpostas.

Façamos correta e disciplinadamente a nossa parte, que o Alto nos ajudará.

40) Qual a diferença entre o atendimento a Espíritos sofredores e obsessores, e o passe P3B?

Resposta - De acordo com o livro *PeR*, cap. 15, o passe P3B é atendimento individualizado para o assistido que passou pelo P2 e pelo CH, e que teve indicação de avançar no tratamento. Com este passe, é atendido o obsessor e/ou sofredor ligado à história pessoal do assistido.

Já nas sessões mediúnicas organizadas para atendimento a sofredores e/ou obsessores, conforme está descrito no livro *Med*, caps. 30 e 31, o grupo mediúnico coloca-se à disposição para auxiliar, socorrer e orientar entidades selecionadas e trazidas pelos próprios Guias Superiores, e que são vindos de origens diversas.

Tanto o passe P3B quanto as Sessões Mediúnicas referidas utilizam-se das mesmas técnicas padronizadas de preparação dos médiuns e de preparação do ambiente, de doação, de abordagem e de doutrinação quando necessária.

Recomenda-se ainda o estudo do cap. 29 do mesmo livro, acrescentando-se a leitura do item 4, da Parte 3, da obra *TPE* in *PrM.*

41) O assistido pode ficar na sala durante o P3B ou deve sair para que a entidade possa ser atendida? No P3B, por que o assistido entra na sala 2 vezes? No P3B, o assistido pode ficar na sala de passes com a presença do obsessor? Quais as orientações quanto à permanência do assistido na corrente, quando da incorporação?

Resposta - O atendimento de P3B está descrito no livro *PeR*, cap. 15, e é comentado no *VER*, cap. 2.9, no texto Questões Práticas, pág. 294.

Na obra de André Luiz, *Dsb*, o cap. 23 discorre sobre a presença do enfermo na reunião mediúnica: "... na maioria dos casos serão atendidos na parte inicial das atividades, recebendo passes e orientações; findo isso, retirar-se-ão do recinto; nesses casos *o contato com os comunicantes, menos felizes ou francamente conturbados, sem a devida preparação, é sempre inconveniente ou prejudicial, pela suscetibilidade e pelas sugestões negativas que apresentam na semilucidez em que se encontram*".

Não se encontra literatura indicando ser salutar ou de boa técnica a presença do enfermo dentro do recinto onde ocorre a desobsessão.

Quanto ao tema bastante específico da permanência, saída, retorno ou não do assistido, durante a manifestação do obsessor e dos diálogos praticados, ou mesmo durante os relatos, revelações e orientações que os médiuns fazem sobre o caso, sugere-se que, na decisão referente a esse procedimento interno da Casa Espírita, se pondere acerca da real utilidade, ou não, de o assistido presenciar tudo o que ocorre na sala de atendimento –inclusive ouvindo o diálogo com sofredores e obsessores– e sobre que tipo de impacto essa prática pode ocasionar no doente, por si só já vulnerável, avaliando-se se a prática é realmente caridosa e construtiva.

Também, é de se ter em mente que imprevistos acontecem mesmo dentro das Equipes Mediúnicas mais experientes, no tocante a episódios desnecessários de demonstrações fenomênicas, nem se falando de grupos que ainda não alcançaram a verdadeira disciplina.

Avalie-se o crescimento comprovado, junto à população brasileira, do número de portadores de transtornos mentais dos mais diversos, incluindo-se as depressões leves, moderadas ou graves, os transtornos de ansiedade (como síndrome do pânico, fobias específicas a objetos ou situações, etc.), os quadros de estresse pós-traumáticos, psicóticos ou de esquizofrenia, as tendências suicidas, e outros similares.

Tais casos nem sempre são identificados corretamente pela Assistência Espiritual ou, então, se encontram, a muito custo, controlados ou mascarados por medicações usadas pelo doente. Outros se apresentam, ainda, assintomáticos, bastando um gatilho emocional para desencadeá-los como, por exemplo, gestos de agressividade do obsessor comunicante, impropérios proferidos por este, revelações de verdades rudes e impiedosas.

Semelhantes questões deverão ser sopesadas ao se decidir sobre a oportunidade e conveniência de se colocar o assistido em contato, às vezes repentino, com verdades torturantes e angustiosas, ou com informações que devem ser instrumentais exclusivos para uso da equipe mediúnica.

Não se excluem do cenário eventuais aspectos legais implicados, em razão de terceiras pessoas ligadas ao assistido (familiares, por exemplo), e que podem ser acionados sob a forma de responsabilização atribuída à Casa –ainda que de modo injustificado–, por episódios imprevistos no curso do atendimento prestado na presença do doente.

42) Pode ser feito P3B a distância?

Resposta - No cap. 20 do *PeR* –Passes à Distância– encontramos que: "... no Espiritismo não há, realmente, necessidade do emprego desses passes, porque, ao invés de o fazer, basta que se formule uma prece em benefício do doente, dando sua localização; com estes elementos, os Espíritos protetores tomarão a si a assistência do doente, esteja ele onde estiver".

Esta tarefa é realizada no trabalho de Vibrações (*VER*, cap. 2.7; *PeR*, cap. 23). Além disso, os Grupos ainda dispõem das caixas de vibrações, ou cestas com papéis, urnas, cadernos e outros recursos, durante a assistência espiritual, para que a pessoa deixe anotado o nome do paciente necessitado.

No entanto, há o atendimento previsto no *VER* (cap. 2.6 - Atividades Mediúnicas, item Grupos Mediúnicos, subitem 2, Grupo dedicado a doutrinações ou assistência espiritual a distância, também conhecido como Samaritanos), que será aplicado se for essa a indicação do Plano Espiritual.

No caso, o requisito imprescindível é o doente estar verdadeiramente impossibilitado de comparecer ao Centro Espírita.

43) No P3B, após a quarta semana, pergunta-se aos médiuns do próprio grupo se o assistido pode ter 'alta' ou se deve dar continuidade ao passe? É correto o dirigente decidir isso sem perguntar ao Grupo Mediúnico?

Resposta - A forma como a pergunta foi formulada nos faz entender que não é o dirigente que está decidindo sozinho, mas sim que está consultando a própria Equipe do Plano Espiritual que executou os quatro atendimentos.

A prática do dia a dia tem demonstrado que, às vezes, os próprios Benfeitores do caso, no atendimento do P3B, espontaneamente orientam no sentido de que o doente necessita de mais uma ou duas sessões, por razões específicas, após o término da série.

Como também pode acontecer de o Plano Espiritual ali atuante recomendar a cessação da série, logo depois do primeiro ou do segundo atendimento, por motivos relevantes.

Não existe prejuízo no fato de o dirigente de P3B perguntar ao Plano Espiritual ali presente sobre o resultado alcançado, ou sobre a continuidade do tratamento, bem como solicitar orientações construtivas.

Seja num caso, como no outro, nada impede que se envie a ficha para o Colegiado de Consulta de Fichas, com o fim de obter-se a confirmação sobre o parecer da Equipe Espiritual do P3B.

Como também, não havendo qualquer posicionamento da equipe, é de rigor requerer-se ao referido Colegiado a avaliação da ficha do assistido.

Registre-se que existem inúmeras Casas com reduzido número de colaboradores, onde é a mesma equipe que executa todas as tarefas: passes, colegiado de consulta de fichas, cursos, etc. (?28 deste capítulo). Nesse caso, é o mesmo grupo que, ao terminar de aplicar a série de P3B, irá proceder ao exame espiritual da ficha daquele assistido (consultar ?38 e ?45 deste capítulo).

Quanto ao tempo de duração da Assistência Espiritual como um todo, no *VER*, cap. 2.9 está estabelecido o período de uma hora e meia a duas horas. Na leitura do livro *Med*, no cap. 31 aprendemos que "Há médiuns que com um só trabalho ficam exaustos, e outros que podem permanecer mediunizados durante tempo mais ou menos longo".

No que toca às sessões de atendimento a sofredores/obsessores, o colegiado mediúnico e o dirigente experiente deverão estar plenamente entrosados, avaliando sempre as condições do momento, de comum acordo com os Benfeitores Espirituais, definindo a capacidade de atendimento numérico de cada reunião realizada, dentro do horário disciplinadamente estabelecido.

48) Quanto tempo (em média) deve ser usado para a execução dos passes padronizados? (Todos os tratamentos e inclusive doutrinação)

Resposta - Não devemos fixar um tempo que, por razões diversas, tenhamos que ultrapassar. Porém, como buscamos uniformizar nossas práticas, algumas recomendações são feitas:

– Para o P3A, segundo o *PeR*, cap. 14: "A duração das aplicações individuais depende do tempo que se pode dispensar a cada doente; cinco minutos nos casos comuns é uma boa medida quando há muitos doentes a atender; para os casos graves em que o Plano Espiritual intervém mais diretamente, não há previsão de tempo".

– Para o CH, conforme o *PeR*, cap. 13: "... enquanto que os participantes da corrente (sem dadas de mãos) projetam para o coração dos obsessores emissões intensas de amor, de paz, de equilíbrio, no curto período de um minuto. "

– Para P1, P2, e os P4: no livro *PeR* não temos a fixação do tempo de aplicação, mas sim a finalidade de cada um; na prática, observa-se que a sequência dos movimentos, do princípio ao fim, requer o mínimo de 30 segundos para se completar.

Quanto ao P3B, lembremos que deve ser reduzido o número de casos que chegam a esse tratamento, pois a maioria obtém solução por meio do P2 e do CH. Por similaridade com o tratamento P3A, o P3B pode durar cinco a dez minutos nos casos comuns, e quando há muitos doentes a atender; para os casos graves em que o Plano Espiritual intervém mais diretamente, não há previsão de tempo.

Não se pode esquecer que a equipe dos encarnados deve estar em perfeita sintonia com a equipe espiritual de cada atendimento. Agindo assim, observará que ocorre uma sincronia natural com o tempo dos Benfeitores, perfeitamente perceptível, orientadora de todas as ações.

49) O que é corrente de limpeza e reposição de energias e como funciona? Estamos nos limpando do quê?

Resposta - Em todos os tratamentos materiais ou espirituais, é obrigatória a prévia limpeza psíquica dos doentes e dos operadores, antes de penetrarem no recinto do trabalho, como também *é obrigatória a corrente de limpeza e reposição de energias para os cooperadores após a realização dos trabalhos*. (*PeR*, cap. 15 - nota final)

O *VER*, cap. 2.9 - Assistência Espiritual - item 2ª parte, pág. 281, prescreve: "Corrente de Limpeza e reposição de energias: os voluntários dão-se as mãos e buscam uma sintonia maior entre si e com os mentores, até que todos se sintam perfeitamente equilibrados...".

A recomendação é autoexplicativa, mas podemos dizer que a "limpeza" refere-se a eliminar eventual assimilação fluídica de doentes encarnados ou desencarnados, e mudar o panorama mental dos voluntários para que se desconectem dos atendimentos que foram realizados.

Quanto à reposição de energia, diz respeito ao fato de os voluntários serem doadores de fluídos magnéticos próprios (ainda que combinados com os do Plano Espiritual), retirados da própria estrutura física e perispiritual, o que é resolvido com a referida corrente sob o auxílio da Espiritualidade presente que jamais desampara os servidores de Jesus.

50) Durante ou no final dos trabalhos de P3B, o colaborador pode captar energia (levantar os braços) para refazimento?

Resposta - O livro *PeR*, cap. 15, item 2 - Desdobramentos - Nota final, prescreve a *obrigatoriedade* da corrente de limpeza e reposição de energias para os cooperadores **após** a realização dos trabalhos. Nada menciona quanto ao procedimento durante os trabalhos.

Porém, encontramos situação similar descrita no cap. 27 do livro *Med* (Estados Conscienciais), quando Armond discorre sobre a importância do estado de concentração para os trabalhos. Quando no decorrer do trabalho surge desvio de atenção, distrações, desarmonias, a ligação da corrente 'se desfaz', surgindo infiltração de Espíritos malévolos, confusão, tumulto e prejuízo. Então, o dirigente utiliza recursos para restabelecer a ordem, comandando novamente à concentração, requerendo emissão poderosa de fluidos benéficos.

É um exemplo de ocorrência na qual, o Grupo Mediúnico pode sentir que é necessário restabelecer a corrente e o ambiente utilizando, inclusive, o recurso da captação de energia através dos braços direcionados para o alto.

Eventualmente se, durante o trabalho, entre um atendimento e outro, o grupo mediúnico sentir que é necessário reequilibrar a corrente e o ambiente, poderá captar energia.

Tal recurso é de uso eventual, pontual, e não algo que se faça a todo e qualquer momento.

51) Como fazer para melhorar o passe padronizado? Como conscientizar nossos voluntários da importância desta atividade?

Resposta - Ao discorrer sobre a qualidade das tarefas dos grupos de exames espirituais, o livro *VER*, na conclusão do cap. 2.6 - item 6, pág. 267, propõe a adoção de atitudes positivas para a melhoria da qualidade dos trabalhos, medidas que são perfeitamente aplicáveis para o aprimoramento do atendimento pelos passes: reciclagem constante dos envolvidos, intercâmbio permanente de experiências entre dirigentes dessa atividade, disposição franca para a apuração da qualidade dos trabalhos, mais disciplina, disciplina, disciplina...

Quanto à Reciclagem anual que todas as Casas devem realizar, obrigatória para todos os seus colaboradores, o modelo prevê, dentre os oito módulos do programa, um que é dedicado especialmente aos passes padronizados.

Além disso, faz parte integrante do roteiro de funcionamento do trabalho de passes, por ser de grande utilidade, realizar-se uma reunião rápida com todos os colaboradores, ao final das atividades diárias, porque ali o dirigente poderá corrigir os erros cometidos, dar explicações e orientações, e ouvir sugestões (*PeR*, cap. 26, item 7).

52) Há necessidade real de, na sala de passe, o homem dar passe em homem e mulher em mulher?

Resposta - No livro *PeR*, cap. 9, item 3.1, Armond argumenta que passes não padronizados, chamados de passes livres, podem chegar a ser ineficientes, contraproducentes, espetaculares ou mesmo ridículos, e outros muitas vezes ofensivos a certos pundonores, sobretudo femininos.

Já no cap. 25, 'Contato com os Doentes', Armond explica que a maioria dos operadores do passe espírita exerce sua tarefa evangélica com desprendimento, seriedade e profunda noção de respeito humano.

Apesar disso, recomenda sobre a total desnecessidade e inconveniência de se tocar no corpo do assistido –porque os recursos magnéticos, aplicados a reduzida distância, penetram assim mesmo o 'halo vital' ou a aura dos doentes– e por razões ligadas ao sensualismo, entre outros motivos.

Ocorre que, ocasionalmente, poderá acontecer, de modo involuntário, um contato das mãos do passista com o corpo físico do outro, até por conta de algum movimento repentino por parte do próprio doente que se mexe sobre a cadeira.

Por isso, em caráter preventivo, a recomendação para a conduta de "o homem dar passe em homem, e mulher aplicá-lo em mulher".

De fato, embora o colaborador tenha se burilado pela reforma íntima, o mesmo não se pode exigir do doente que talvez ainda esteja em diferente estágio de moralização. Isso para não falar de pessoas que rejeitam totalmente o contato físico, principalmente se vier do sexo oposto, sentindo-se muito desconfortáveis e, com isso, anulando-se a qualidade da recepção fluídica.

Ainda, dentro do mesmo capítulo, Armond orienta que, sempre que possível, se realize o trabalho de passes em turmas separadas de homens e mulheres, de maneira que todos recebam passes de médiuns pertencentes ao seu próprio sexo.

Ou seja, poderá acontecer de, alguma vez, não ser possível tal configuração.

Entendemos, então, que o passe em pessoas do mesmo sexo é dado de modo preferencial e predominante. Porém, quando as circunstâncias impuserem outra solução, a equipe responsável se organizará de maneira coerente e pertinente.

53) Quando se utiliza a repetição de série de passes, e qual o momento da designação da "alta"? Pode-se repetir tratamentos? Quantas vezes podemos repeti-los?

Resposta - Os tratamentos pelos passes na Assistência Espiritual seguem uma sequência qualitativa. Para doenças materiais: P2, P1, P3A. Para problemas espirituais: P2, CH, P3B. Nos dois casos, cada tipo de passe tem quatro aplicações (uma por semana). Também nos dois casos, após finalizar-se um tipo de passe, a ficha do paciente volta para exame espiritual.

A sequência de passes será considerada concluída (suspensão dos passes quando atingir a situação de reequilíbrio) assim que o exame espiritual o determinar e a entrevista o confirmar. O exame espiritual é requisito primordial para a definição do caso. O retorno a algum tipo de passe se dará quando o Plano Espiritual o indicar através da consulta da ficha.

Uma vez reequilibrado, o assistido será encaminhado para as reuniões de 'Vivências Doutrinárias', que é forma de tratamento, porque ali também recebe o auxílio dos mentores espirituais, visando à manutenção do equilíbrio alcançado.

Após concluída a série de reuniões de Vivências Doutrinárias, será feita entrevista e sua ficha encaminhada para consulta espiritual, quando retornará aos passes ou será liberado da assistência espiritual. Nos dois casos será convidado a frequentar o CBE e a EAE.

(Consulte-se: *VER*, cap. 2.9 - Assistência Espiritual - item Conclusão da Série de Passes; e *PeR*, caps. 14 e 15 - final).

54) Qual a orientação para o voluntário a quem foi indicado um tratamento? Deve comportar-se como um assistido comum, ou há diferenças no tratamento?

Resposta - É altamente recomendável que o GA possua um regimento interno onde as condutas aplicáveis aos diferentes casos sejam previamente conhecidas por todos, evitando-se privilégios ou discriminações, rebeldias ou inconformismos.

A natureza e a gravidade do problema podem ser fatores determinantes para que se adotem soluções de graus diferentes.

Não se pode depender da opinião de uns ou de outros. O exame espiritual da ficha do voluntário oferecerá as orientações.

Todo voluntário deve conhecer os procedimentos de sua Casa Espírita. Quando indicado para tratamento, seguirá as orientações determinadas pelo exame espiritual, assim como o assistido as segue, atendendo ao determinado pelo Plano Espiritual em conjunto com a organização interna do GA.

Dessa forma, igualmente ao assistido, obedecerá à assiduidade ao tratamento, à pontualidade, ao seu recebimento pela ordem de chegada, ouvirá a preleção evangélica, etc.

Ao final, sua ficha retornará para avaliação do colegiado mediúnico.

55) Deveríamos tratar os obsessores, ou mesmo os Espíritos doentes que comparecem ao intercâmbio, como fazemos no plantão de entrevista, ouvindo e direcionando o auxílio ao assistido para sua conscientização?

Resposta - No *VER*, cap. 2.9, temos o roteiro completo de como conduzir a assistência espiritual e o tratamento que devemos dispensar a desencarnados e encarnados.

Quanto aos desencarnados, o tema é abordado na obra *Med*, cap. 29 - Doutrinação, matéria que pode ser lida também no *PrM*, terceira parte, item 4, subitem 4.1 - Doutrinação de Espíritos, e no *PeR*, cap. 15.

O obsessor ou sofredor desencarnado deverá ser sempre tratado com respeito e fraternidade. Será ouvido e esclarecido com palavras envoltas em sentimento sincero de ajudá-lo, valendo muito mais as vibrações amorosas do grupo do que retóricas de convencimento.

56) Por que não acrescentamos na Assistência Espiritual o plantão semanal para os assistidos com maior dificuldade?

Resposta - O 'plantão' ou 'entrevista' é parte da Assistência Espiritual oferecida pelo GA. É momento em que, mais do que falar, o colaborador acolherá o necessitado para ouvi-lo, disponibilizando-se para orientá-lo fraternalmente.

Sem que seja preciso abrir uma frente de trabalho especialmente para esse tipo de ocorrência, há Grupos que, além de promover a entrevista com o assistido a cada mudança de tratamento, e conforme a gravidade do caso, orientam-no a, em situação de dificuldade, retornar ao setor de plantão ainda mesmo durante a sequência semanal de passes que está recebendo.

Não se trata aí de interferir na série de passes em curso, mas unicamente de permitir que o assistido tenha um ambiente onde possa conversar, desabafar, desafogar-se. Acolhido, prosseguirá normalmente no tratamento que consta de sua ficha de assistência espiritual, sem alteração.

Se a Casa oferece Assistência em todos os dias de semana, por que não se socorrer de tal recurso, para os desvalidos em situação limite?

Assim, poderá ocorrer de um Grupo, internamente organizado para isso, ter condição de ouvir mais vezes o necessitado grave, sem alterar em nada a dinâmica e a rotina da Assistência Espiritual padronizada da Casa, respeitando sempre o tratamento que já esteja em curso, criando-se ou não um 'plantão extra'.

Ouvir mais vezes um necessitado no segmento de entrevistas dependerá de fatores como: número de dias em que a Casa se encontra aberta, a quantidade de Assistências Espirituais que oferece ao longo da semana, entre outros.

Práticas que apresentem bons resultados, têm sido levadas ao conhecimento do CGI - Conselho de Grupos Integrados que, como fórum adequado, inicia a discussão do assunto. Caso aprovadas como padrão, a Editora Aliança atualiza as publicações pertinentes.

57) Qual deve ser a postura do 'doutrinador', durante uma doutrinação de Espíritos sofredores? Ele deve ficar sentado, poderá se locomover, poderá fazer imposição de mãos sobre os chacras ou órgãos do médium?

Resposta - O tema é detalhadamente abordado na obra *Med*, cap. 29 - Doutrinação, matéria que pode ser lida também no *PrM*, terceira parte, item 4, subitem 4.1 - Doutrinação de Espíritos, além de constar do *PeR*, cap. 15. Também o *VER*, traz comentários no cap. 2.9 - Assistência Espiritual, item 'Questões Práticas - Pasteur 3B – doutrinação'.

A doutrinação só será utilizada se for realmente necessária. Deve ser feita com sobriedade, evitando ostentação de conhecimentos doutrinários ou eloquência literária, que nenhum efeito produz no âmbito dos obsessores, mas muito ao contrário. Será conduzida de forma simples, objetiva e direta. Mais influem sobre os Espíritos a doutrinar os fluidos purificados da corrente e as vibrações amorosas da equipe, do que as palavras do doutrinador.

Salvo todo o contido nos textos referidos –e que deve ser estudado–, nada mais é prescrito por Armond no tocante à técnica da doutrinação.

Podemos, assim, considerar que quaisquer outros gestos ou intervenções do doutrinador, com o objetivo de auxiliar o médium, somente acontecerão em situações excepcionais, uma vez que o grupo bem preparado, saberá recompor o equilíbrio pelas vibrações e elevação do padrão mental.

58) O que podemos e devemos fazer para atingir de forma mais direta os objetivos do Plano Maior em relação aos atendimentos dos nossos assistidos?

Resposta - No livro *EAE?*, indicamos a leitura de "O Valor da Iniciação Espiritual".

Em *FDJ?*, recomendamos os textos "Alerta I" e "Plano Convite da EAE (excerto)".

Também orientamos a que se examinem no final do cap. 2.9 do *VER*: "Considerações em torno dos trabalhos de Assistência Espiritual" e "Mensagens e Orientações: Unidade de Trabalhos Práticos".

A pergunta será, ainda, plenamente respondida ao se estudar a terceira parte da obra *TPE* in *PrM*, em especial os itens 1 - Finalidades Gerais do Espiritismo/Renovação pelo Evangelho e 2 - A Divisão dos Trabalhos.

Do farto material sugerido, o discípulo compreenderá que a Casa Espírita não pode se reduzir aos trabalhos destinados a finalidades secundárias (caridade, assistência espiritual, consolação), já que são atinentes a aspectos transitórios da vida.

Ao contrário, deverá primar por conduzir o assistido aos trabalhos destinados a realizar a finalidade principal, exatamente aquela visada pelo Plano Maior, por referir-se à verdadeira vida, que é a espiritual, quais sejam: a evangelização do ser, a sua reforma moral, a libertação das esferas inferiores da vida, o abandono da ignorância e do erro, enfim: a redenção do homem.

Para tanto, motivará sempre o assistido ao conhecimento e à reforma íntima através das palestras evangélicas, das reuniões de Vivências Doutrinárias, do oferecimento dos CBE e das EAE.

Consolação, sim. Mas, primordialmente, a redenção.

59) O voluntário de um Grupo de Aliança pode fazer tratamento em outro GA ou precisa necessariamente fazer o tratamento na Casa em que é voluntário?

Resposta - A vivência em Aliança nos indica que a uniformidade dos trabalhos padronizados permite a qualquer pessoa iniciar um tratamento em determinada localidade e, por alguma necessidade, poder concluí-lo num outro local onde haja GA, do qual se espera o respeito à padronização.

Muita vez, o problema pode ser de ordem prática como, por exemplo, o GA de origem não realizar todos os tipos de tratamentos padronizados previstos no programa de Assistência Espiritual da Aliança; ou o dia de semana e horários disponibilizados serem impeditivos para receber o tratamento na própria Casa; ou a pessoa estar viajando a trabalho e desejar continuar recebendo os passes, etc.

Não nos cabe julgar a opção, por razão de foro íntimo ou não, que algum colaborador teria para não fazer o tratamento na própria Casa em que atua como voluntário.

60) Muitos documentários mostram trabalhos espirituais, com utilização de intervenção cirúrgica (inclusive invasiva); qual a opinião da Aliança sobre isto? É puro charlatanismo? Existe alguma interferência espiritual neste trabalho?

Resposta - Antes de tudo, solicitamos ao leitor que consulte as respostas das ?17, ?58 e ?62, do presente capítulo.

A finalidade precípua da AEE é a da evangelização do Ser. Seus métodos de tratamentos espirituais padronizados se alicerçam na concomitante e gradativa reforma interior do homem. Do contrário, qualquer cura será aparente ou superficial, sem remoção das verdadeiras causas, apenas com adiamento da prova ou da expiação, o que significa retorno futuro dos males não enfrentados corretamente.

Quanto às práticas adotadas em outros segmentos do movimento espírita, não nos cabe emitir avaliação sobre elas, sem que tais setores nos solicitem para isso.

61) Qual a visão da Aliança sobre a Apometria? Ela faz parte (mesmo que indireta) de nossas atividades padronizadas? É um bom recurso para tratarmos as diferentes obsessões? E as Casas de nosso movimento que já estão realizando?

Resposta: A Aliança é movimento Espírita que, sob a direção do Plano Maior, estabeleceu um programa padronizado para curas físicas, psíquicas e espirituais de tamanha eficácia, que foi sob essa égide que as Casas adesas ao programa da AEE se multiplicaram.

Os métodos Espíritas de cura são: passes, preces, água fluidificada, reforma íntima (prática de boas ações, autoconhecimento com proposta sincera de mudança), evangelização do Ser apoiado por EAE e outros Cursos regulares.

Apometria é modalidade terapêutica criada na última década de 60 por Dr. José Lacerda de Azevedo, que era cirurgião geral, ginecologista e clínico geral, para ser aplicada, na época, dentro das dependências de um Hospital Psiquiátrico. Não encontramos em nossa literatura qualquer referência de que esta prática tenha sido utilizada ou mesmo testada por Edgard Armond e sua equipe.

Nossos métodos espíritas de cura não competem com quaisquer práticas médicas ou alternativas, portanto não precisamos avaliar quanto elas são adequadas ou exitosas, mas sim estudar, entender e aplicar corretamente nossas próprias práticas, as quais foram recomendadas pelo Plano Espiritual Superior com coordenação direta de uma equipe dirigida pelo Espírito Pasteur.

Respeitamos o rol de terapias alternativas e complementares, e também os métodos de outras religiões. Isso não significa que sejam Espíritas, e nem que devamos incluí-los em nossas práticas.

A Casa Espírita não é clínica holística ou alternativa. Não é um laboratório permanente onde toda experiência deva ser colocada em execução. Não pode causar confusão no entendimento do público que a procura como instituição Espírita. O assistido precisa ser esclarecido: sua cura, para que seja real e definitiva, está na modificação de sua conduta, sentimentos e pensamentos.

O "Espírita" no nome da Aliança Espírita Evangélica designa justamente isto: qual é a referência no campo do conhecimento para se lançar no caminho de redenção espiritual. Principalmente quando houver dúvida, afirmava Armond. (O Trevo - nº 308 - pág. 11 - Fevereiro/2000 - *Encontro com as Origens*)

A desobsessão aplicada na assistência espiritual padronizada da AEE inclui trabalho conjunto com os Espíritos Superiores, sempre sob a orientação e critério destes, sendo que os envolvimentos cármicos são criteriosamente avaliados em Grupos Mediúnicos, para não interferirmos desautorizadamente no plano reencarnatório do assistido. Procura o benefício do assistido encarnado e também do obsessor desencarnado por meio da evangelização de ambos. Tem uma técnica e objetivo bem característicos, não similares às práticas originadas fora do ambiente da AEE.

A sequência 'P2 - P1 - P3A', ou 'P2 - CH - P3B', corretamente aplicada, com o esmerado preparo da equipe dos encarnados, mostra-se altamente benéfica e produtiva, auxiliando o assistido a modificar seu padrão de conduta e padrão vibratório por meio das preleções evangélicas e Escolas.

Resumindo, a apometria não faz parte do programa de Assistência Espiritual Padronizada da AEE. Nenhuma de nossas obras faz qualquer menção, mesmo que indireta, a essa prática. E a experiência de décadas demonstra que os atendimentos de desobsessão de nosso programa são completos em si mesmos para atingir os fins a que se destinam.

Quanto a Casas do movimento que estão realizando estas práticas, se a caridade nos ensina a respeitar a opinião e a decisão de quem tem afinidade com elas, o dever nos lembra de que manter e defender nosso modelo também é necessário, para que não sejamos nós mesmos a causar confusões na cabeça de nossos voluntários e assistidos.

62) Deve haver mais Escolas de Aprendizes do Evangelho e menos atividades de Assistência Espiritual?

Resposta - A questão, em princípio, não é propriamente numérica, mas sim de essência e de fundamento. A Assistência Espiritual está ligada ao aspecto consolador da Doutrina. É um conjunto de atividades destinadas a realizar as finalidades secundárias do Espiritismo. A EAE inclui-se no trabalho destinado a realizar a finalidade principal: a redenção do ser.

Assim, a EAE é compatível com o objetivo primordial do Espiritismo: a reforma moral da humanidade. A Assistência Espiritual ainda é, no estágio evolutivo em que nos encontramos, a porta de entrada necessária para a grande maioria das criaturas que procuram a Casa Espírita. Mas obrigatório deve ser o nosso esforço em encaminhar o assistido para a 'Vivência Doutrinária', CBE e EAE, ou seja, para ambientes de esclarecimento, evangelização, crescimento e reforma íntima.

Estudemos a fundo a explanação de Armond contida na obra *TPE* in *PrM*, em especial os itens 1 - Finalidades Gerais do Espiritismo - Renovação pelo Evangelho, 2 - A Divisão dos Trabalhos e 3 - Trabalhos Destinados a Realizar a Finalidade Principal.

63) Qual o número mínimo de colaboradores para se operar uma sala de passe?

Resposta - No livro *PeR*, Parte B - Prática, a partir do cap. 12, consta que:

– P2 e P1: o grupo deve contar com o mínimo de cinco integrantes; assim, a corrente atua com o mínimo de quatro elementos, enquanto o quinto participante faz a aplicação;

– CH: o grupo deve ter o mínimo de quatro integrantes; assim, a corrente mantém-se com um mínimo de três pessoas, sendo que o quarto elemento é o aplicador;

– P3A e P3B: o grupo se forma com o mínimo de cinco voluntários; então, a corrente trabalha com o mínimo de quatro integrantes, ao passo que a quinta pessoa atua como operador;

– P4A e P4B: grupo necessita de no mínimo quatro componentes; a corrente, então, atua com o mínimo de três pessoas, para que a quarta integrante faça a aplicação.

64) Se não houver este número mínimo, fazemos o passe coletivo?

Resposta - Sim. Sempre que houver assistidos e não houver colaboradores em número suficiente lança-se mão do Passe Coletivo, totalmente descrito no livro *PeR*, no cap. 21.

65) Como ele (passe coletivo) é executado? Onde e em que condições?

Resposta - Conforme o texto referido, haverá um dirigente, um auxiliar e um médium para receber instrutores. O dirigente do trabalho (ou o mentor incorporado no médium) levanta-se, estende os braços e faz um passe geral durante o tempo que for necessário (um a dois minutos). Alguns grupos, ao aplicar o passe coletivo, não se utilizam do gesto de se levantar o(s) braço(s), ou seja, após a preleção, informa-se aos assistidos que é o momento de receberem o passe que será aplicado pelos Espíritos benfeitores espirituais que ali se encontram. Os poucos colaboradores presentes mantêm-se em prece e vibração para todos os assistidos.

66) Em uma sala de passes, quem é o responsável pela preparação? Pode ser qualquer voluntário, ou somente os dirigentes?

Resposta - Todas as tarefas estão sob a condução do dirigente. Porém, como nosso modelo se caracteriza pelo trabalho em equipe, auxílio mútuo e atuações em colegiado, ele poderá alternar-se com outros voluntários nessa tarefa e em outras, fortalecendo nossos valores.

Realizando revezamento na execução de diferentes tarefas, o dirigente propiciará o devido treinamento e experiência a todos, desde que estejam devidamente capacitados e preparados para as funções.

67) O dirigente somente dirige e coordena as atividades, ou faz parte ativa de todas elas, participando da corrente, aplicando passe, fazendo vibrações?

Resposta - O dirigente pode fazer parte de todas as atividades, principalmente se houver um número pequeno de integrantes na equipe.

Quando o grupo conta com quantidade satisfatória de componentes –e não apenas com o mínimo permitido– tal dirigente fica mais livre para orientar melhor os outros voluntários, observar as ocorrências, fazer anotações, estar atento ao assistido presente na sala e orientar a sua entrada e saída, e assim por diante, o que melhora a qualidade da Assistência. Atuar com o limite mínimo possível de integrantes não é a melhor solução, embora às vezes seja a única.

Considere-se, ainda, que a Assistência Espiritual é campo de atividades cristãs, sendo que todos os voluntários ali comparecem para servir, pouco importando os cargos ou encargos. Dessa maneira, o dirigente executará sua tarefa com dignidade e competência, sendo para todos o melhor exemplo de como servir, atuando onde for necessário.

68) Os médiuns que formam as correntes, nas salas de passes, podem fazê-lo sentados ou em pé? Há alguma importância nesta posição?

Resposta - Quando se atua com o número mínimo de integrantes permitido no grupo de passes (no P2, por exemplo, com quatro pessoas na corrente, além do aplicador), eventualmente será necessário formar a corrente em pé.

Isso porque, em pé, uma vez de mãos dadas, os braços poderão ser estendidos plenamente e, consequentemente, o centro da corrente, ou seja, o espaço para a permanência do assistido, se ampliará.

Tal configuração pode ser necessária, por exemplo, no caso da entrada na sala de um assistido cadeirante, ou de alguém de porte avantajado, etc. Tal recurso não prejudicará o efeito do passe.

O importante é saber como e porque se forma uma corrente, e qual nossa atuação dentro dela. A posição –sentado ou em pé– não interferirá no resultado.

Naturalmente que, quanto mais confortável for a posição do corpo físico do voluntário, melhores as condições de concentração, sintonia, recepção e emissão de fluidos.

Vejam-se as ilustrações referentes às configurações das correntes no livro *PeR*, onde os integrantes se apresentam na posição sentada.

69) Podemos utilizar alunos do Curso de Médiuns, que já fizeram o módulo de passes, nas atividades da assistência espiritual? E em quais atividades?

Resposta - Desde 1976 (O Trevo nº 27 - maio/76 - pág. 7) o CM tem início pela aplicação das aulas de passes (*módulo Passes)*, com o encaminhamento dos alunos para atuarem na Assistência Espiritual depois de concluídas tais aulas, sendo que necessariamente precisam estar autorizados por exame espiritual de suas fichas, realizado por colegiado mediúnico.

Tal programação está presente em todas as edições do livro *VER* já publicadas.

Não se trata de 'utilizar os alunos', mas de propiciar-lhes campo de serviço com Jesus, para que se aprimorem no contato com os fluidos e vibrações elevadas que devem seguramente existir numa sala de passes na qual se respeitam os requisitos de moralização e de preparo físico, conforme orientado pela obra *PeR*, em especial nos seus caps. 3, 8 e 28.

Assim é que, de acordo com o contido no *VER*, cap. 2.9 - Assistência Espiritual, item Passes, pág. 288: "Estarão aptos a realizar a aplicação dos Passes de Limpeza, P1, P2, CH, P4A, e P4B, somente aqueles que já frequentaram o Módulo de Passes. Para os passes P3A e P3B, apenas os que já concluíram o CM".

Os bons resultados dessa prática são garantidos pela qualidade que o dirigente do Curso procurar imprimir às aulas de passes, bem como pela sua disponibilidade para acompanhar tais alunos, o que não lhe será difícil, já que estes permanecerão semanalmente sob sua orientação na continuidade das demais aulas do CM.

70) Há algum inconveniente quanto a voluntários darem passes em parentes, ou mesmo em cônjuges?

Resposta - Não há nenhum problema. O voluntário deve considerar todos os que necessitam de passes como sendo irmãos carentes, para os quais ele dedicará grande atenção e bons fluidos, independentemente do grau de parentesco e de quaisquer tipos de ligação. Em nossa literatura não há qualquer informação que proíba dar passes em parentes ou cônjuges.

71) Se não tivermos passistas para atender as crianças, previamente preparados para aplicação de passes específicos para a infância, podemos utilizar qualquer médium disponível?

Resposta - Não devemos utilizar 'qualquer médium disponível', pois ele poderá não apresentar as condições adequadas de emissão fluídica para tratamento de crianças. Além disso, a criança tem dia e horário específico de Assistência Espiritual Infantil, que deverá ser providenciado pela Casa.

No *PeR*, cap. 16, Pasteur 4, está prescrito que os membros da corrente dos P4 devem ser de preferência femininos. Deverá haver, também, moderação nas aplicações e na densidade vibratória, além do selecionamento dos operadores.

Na prática, o selecionamento dos integrantes da equipe é feito mediante consulta da ficha de cada um através de exame espiritual, verificando-se se possui fluidos adequados para aplicar passe em crianças.

Não é demais lembrar-se que o colaborador da Assistência Espiritual Infantil deve esmerar-se no preparo físico e espiritual, mais do que qualquer outro.

Passes aplicados sem as devidas condições podem ser bastante prejudiciais para quem o recebe, especialmente no caso das crianças.

Todo GA que dá atendimento à criança deve ter a devida responsabilidade em cumprir os requisitos exigidos.

72) No CH, tanto a corrente como o passista vibram para o desencarnado?

Resposta - Sim, tanto a corrente quanto o passista vibram amor para o desencarnado que acompanha o doente. Veja-se tal afirmação literal no vídeo *PeR* (na marcação de 15min36seg) da Editora Aliança.

Na obra *PrM*, em sua terceira parte, cap. 4 (pág. 127 da 1ª edição, 2002), descreve-se que três coisas, sobretudo, caracterizam o 'Choque Anímico':

a) a ação é direta sobre o obsessor e não sobre o obsediado;

b) ao invés de agir pela palavra, doutrinando, agimos pela emissão de uma onda vibratória de amor que, como se sabe, é a energia mais poderosa existente no plano espiritual;

c) a ação, como ocorre na doutrinação comum, é individual e não colctiva.

É um processo de substituição da doutrinação comum por outro, capaz de ser aplicado a muitos para atender ao movimento cada vez maior das Casas Espíritas.

No livro *PeR*, cap. 13, estabelece-se que os fluidos e as emissões intensas de amor e de paz são dirigidos diretamente ao coração do obsessor.

73) No passe CH, qual o benefício para o encarnado?

Resposta - Inicialmente o benefício de ter ouvido a preleção evangélica. Depois, todos os benefícios advindos da ausência da influência negativa que sofria devido à ação do obsessor. No *PeR*, cap. 13 – Choque Anímico, no item 3 – Mecanismo, lemos: "... os fluidos finos, purificados, possuem uma vibração elevada, muito rápida e luminosa, dotada de grande poder de penetração e irradiação; esses fluidos desarticulam e eliminam as vibrações baixas e pesadas das mentes dos obsessores...". Não resta a menor dúvida da eficácia e dos benefícios deste tratamento para os irmãos encarnados que sofrem a ação de Espíritos obsessores.

74) Como agir se um assistido estiver sob atuação de obsessor, e não for o dia indicado para o P3B? Que passe aplicar? Pode ser feita incorporação e doutrinação da entidade?

Resposta - Inicialmente remetemos o leitor às considerações tecidas na ?4 deste capítulo, especificamente na parte que se refere à utilidade de a Casa possuir um regimento interno.

Tal normativo, previamente conhecido por todos os voluntários, é auxiliar para orientar diferentes situações, inclusive as não comuns, permitindo rápidas tomadas de decisões, e oferecendo soluções já elaboradas previamente por consenso.

Assistidos que, dentro do 'ambiente previamente preparado' de nossas Casas, mostram-se sob a forte ação de obsessores que o acompanharam, provavelmente serão exceções.

Tais episódios serão conduzidos segundo a experiência e conhecimento dos dirigentes, que poderão se apoiar nas diretrizes antecipadamente pensadas em reuniões periódicas da Casa, em suas reciclagens e em outros encontros.

Nossos tratamentos padronizados têm sequência quantitativa (quatro vezes) e qualitativa (passes materiais e espirituais), e não apresentam toda sua eficácia quando feitos em aplicação única e isolada. Porém, casos emergenciais requerem certamente estratégia compatível, conforme as possibilidades da equipe de encarnados presentes, em ação de atendimento de 'pronto-socorro' espiritual, no qual talvez seja necessário o diálogo com o(s) desencarnado(s).

Não se pode, ainda, de modo algum, deixar de lado a perfeita sintonia com os Espíritos Protetores da Assistência, pois jamais deixarão a equipe dos encarnados à própria sorte, desde que seja merecedora.

Passes dispersivos, oração da equipe presente, vibrações amorosas, são valiosos auxiliares que, por si só, poderão solucionar a situação.

75) Após o encerramento da aplicação de um tipo de passes de um tratamento (por exemplo: P1) e o início da aplicação de outro tipo (por exemplo: P2), devemos somente nos ligar com as equipes espirituais, ou será necessária uma limpeza e adequação do ambiente?

Resposta - Após o encerramento de um tratamento e o início de outro, basta a ligação com as equipes espirituais respectivas, pelo comando do dirigente encarnado, aguardando-se o tempo necessário para o grupo estabelecer a sintonia devida com a outra equipe espiritual. Portanto, normalmente, não há necessidade de limpeza ou adequação do ambiente. Ocorrências negativas emergenciais se constituirão exceções à regra, que deverão ser cuidadas conforme se apresentarem.

76) É possível um colaborador fazer tratamento sem passar por entrevista?

Resposta - Recomenda-se que todo colaborador que precisar de atendimento espiritual cumpra todo o processo, até como testemunho de humildade e confiança na Espiritualidade. Se precisarmos de um atendimento emergencial, serão o dirigente e companheiros mais experientes que nos auxiliarão, conforme a necessidade do momento.

Em caso de 'tratamento', este só será apropriado se for indicado pelo Grupo Mediúnico; e para que nosso caso chegue até lá, será necessária uma entrevista, ou pelo menos uma conversa com nosso dirigente, que encaminhará o caso.

O encaminhamento da pessoa com problemas espirituais à Assistência Espiritual é tarefa reservada aos entrevistadores. Portanto, quando o colaborador necessitar de tratamento, deverá passar por entrevista.

77) Quando um assistido inicia sua frequência em um Grupo da Aliança, e sua ficha ainda não foi encaminhada ao Grupo Mediúnico, qual passe deve ser indicado neste primeiro momento?

Resposta - "Diversos Grupos Integrados adotam a prática de, no início da assistência espiritual, encaminhar o assistido diretamente para o P2, prática que tem comprovadamente apresentado bons resultados. Considera-se que, nos casos de perturbação espiritual, o início é sempre pelo P2 e que, quanto a problemas de ordem física, a harmonização espiritual previamente feita pelo P2 garante maior eficácia na aplicação dos passes que virão a seguir, P1 e P3A" (*VER*, pág. 289).

P2 é o tratamento que deverá iniciar qualquer série, pois se trata de um conjunto de ações que visam o campo físico (passista atua diretamente para o físico do assistido) e o campo espiritual (a corrente vibra pelos obsessores). Alguns Grupos Integrados adotam a prática de, no início da assistência espiritual, encaminhar o assistido para os quatro atendimentos (um por semana) do P2, prática que também tem comprovadamente apresentado bons resultados. (Ver, ?8 deste capítulo)

78) Qual é a melhor atuação do entrevistador, quando sente que o assistido quer mais atenção e mais orientações?

Resposta - Não havendo outras pessoas a serem atendidas, dedicará o tempo que for necessário ao irmão entrevistado, até o limite determinado para o início da preleção evangélica, a qual o necessitado precisará ouvir.

Como deve estar preparado e treinado através de curso de capacitação, o entrevistador saberá como não se alongar desnecessariamente, quando houver outros assistidos a serem atendidos. Para tanto procurará aprimorar a técnica e retirar suas dúvidas através da participação em reciclagens.

Não se pode esquecer a sua sintonia com o Alto, pois o apoio da Espiritualidade Benfeitora haverá de inspirá-lo a ouvir e compreender para melhor orientar, esclarecer e ajudar.

Parte IV

Artigos de O TREVO

O TREVO - MEDIUNIDADE

Valor da Mediunidade

Na Semeadura I - item 28 -
Edgard Armond

A mediunidade tem importância fundamental, porque por ela veio e continua a vir a revelação, o conhecimento das verdades espirituais para o mundo.

Por intermédio dela vieram e se constituíram as grandes religiões, com as revelações se polarizando em torno de determinadas pessoas a isso destinadas, como sucedeu também no Espiritismo.

Retire-se das religiões a mediunidade e o que restar serão coisas inexpressivas, inaceitáveis, ou então, opiniões pessoais discutíveis.

O Trevo - nº 447 - pág. 4 - Outubro/2012

Sinais Evidentes

cap. 29 do livro *Enquanto é Tempo* -
Edgard Armond

Os surtos de mediunidade que se têm observado em diferentes épocas são fenômenos que assinalam períodos delicados e importantes da evolução planetária, quando a interferência dos Espíritos é mais objetiva e evidente.

Este surto que em nossos dias observamos assinala o fim do atual ciclo e o período delicado de transição, findo o qual, tanto a humanidade da qual fazemos parte como o próprio orbe devem atingir estágios mais altos de progresso, passando a Terra a ser um planeta regenerado, habitado por uma humanidade de civilização mais apurada, de vida mais feliz e de compreensão espiritual mais avançada, segundo as leis da evolução.

Aliás, esse período, que culminará em cataclismos e convulsões sociais, políticas, econômicas e telúricas, foi predito rigorosamente pelos profetas hebreus da antiguidade e também por Jesus, nas últimas reuniões que manteve com seus discípulos, antes do desenlace emocionante e doloroso do Gólgota.

O Espiritismo será um agente esclarecedor dessa transformação e foi dado ao mundo, justamente às antevésperas deste período final, trazendo um surto mediúnico autenticado por fenômenos objetivos, por conhecimentos racionais, previsões e outros elementos, que fortemente impressionaram a opinião pública mundial.

Entre outras coisas, Jesus disse que nos últimos dias deste ciclo, se os homens não falassem, as pedras falariam (Lc. 19:40), querendo dizer que de qualquer forma, o Plano Espiritual traria aos homens deste nosso tempo as advertências, ensinamentos, instruções e provas concretas da existência do Espírito, da imortalidade da alma e das vidas sucessivas, capazes de influir sobre os materialistas, céticos, recalcitrantes, desorientados e sobre os crentes de religiões e cultos exteriores, indicando-lhes a verdadeira conduta a seguir para se redimirem enquanto é tempo, antes que sejam relegados a mundos inferiores, incompatíveis com a humanidade do futuro.

E, desde o advento do Espiritismo, o Plano Espiritual vem falando bem alto por toda parte, através de médiuns, transmitindo ensinamentos preciosos, esclarecendo e conclamando a todos para o indispensável e urgente esforço de autoevangelização, o mais eficiente e positivo recurso que existe para a redenção.

O Trevo - nº 484 - pág. 4 - Maio-Junho/2017

Mediunidade

Sérgio Paulo

A vivência da 'mediunidade de prova', também chamada por alguns de 'mediunidade-tarefa', é dos cometimentos mais graves a que está sujeito o encarnado.

Concedida pela misericórdia divina a Espíritos calcetas (*calceta = indivíduo condenado a pena de trabalhos forçados*), porém arrependidos, a 'mediunidade de prova' é maravilhosa bênção, que, se bem aproveitada, proporcionará a 'redução da pena', ou mesmo o 'relaxamento da prisão do condenado', no caso o médium, por seus bons serviços prestados à comunidade e por sua real transformação moral. Desprezada, contudo, levará o infeliz a agravar sua situação perante a Justiça Divina, aumentando seus débitos e sofrimentos.

Frequentemente, contudo, malbaratando estas oportunidades, esquece-se o médium de seus compromissos, tornando-se imprestável para o divino trabalho de cooperação com os mensageiros de Jesus, que atuam na crosta.

Há muitos cuidados importantes a serem observados pelo médium que deseja ter sucesso nesta perigosa empreitada: perseverança, assiduidade, disciplina, ampliação constante de seu conhecimento doutrinário e mediúnico, são alguns deles.

Do nosso ponto de vista, entretanto, o mais importante cuidado que deve ter o médium é a constante preocupação com seu progresso moral, com sua reforma íntima, com a prática evangélica no seu dia a dia.

O médium é um intermediário, podendo ser comparado a uma ferramenta, um instrumento. Por mais bem-intencionado e habilidoso seja o usuário de determinado instrumento, se este não tiver **qualidades próprias** não poderá ser efetivamente útil. Por mais capacidade que tenha alguém para utilizar uma tesoura, se ela estiver cega, não poderá atingir os objetivos desejados; por mais boa vontade se tenha para utilizar uma enxada, se ela estiver enferrujada e frágil, não poderá atingir plenamente o fim a que se destina.

Da mesma forma, o médium que não tiver **qualidades próprias** essenciais não poderá ser verdadeiramente útil à sublime tarefa de esclarecimento e socorro aos que necessitam.

Essas **qualidades próprias** devem tornar-se uma realidade íntima do médium, que precisa valorizar a humildade, desprezando o orgulho; valorizar a simplicidade, superando a vaidade; valorizar a pureza, negando a malícia; valorizar o altruísmo, vencendo o egoísmo, tal qual nos ensinou Jesus.

Somente assim, poderemos ser realmente úteis nesta tarefa que se torna cada vez mais essencial, e que como bênção divina verte do Céu para a Terra, para socorrer os caídos e esclarecer aos que desconhecem a verdade, utilizando-nos, a nós, Espíritos tão imperfeitos e endividados, como coautores do bem que se concretiza através de nós.

O Trevo - nº 243 - pág. 5 - Setembro/1994

Contato com o Plano Maior

Equipe de Mediunidade

O mecanismo do nosso pensamento corresponde a uma bênção divina, que traça nossa responsabilidade em tudo que fazemos. Nosso edifício mental deve ser trabalhado para formular ideias elevadas, combatendo negatividades, e para atuar visando o bem comum e a vivência do Evangelho de Jesus.

É pelo nosso pensamento que nos comunicamos com os Espíritos desencarnados em posições espirituais mais elevadas. É pela mediunidade bem conduzida e disciplinada que buscamos compreender a presença de Deus em todas as situações do cotidiano, e abrimos as portas para multiplicar os valores que recebemos em proveito de outrem.

A nossa atmosfera espiritual é composta por luzes ou trevas, conforme seja a nossa escolha de sintonia. Trazemos no perispírito as imperfeições que tornam muito mais fácil o esquecimento das coisas do Espírito quando chegam os desafios de cada dia de encarnado na Terra. Temos uma atmosfera que nos circunda, a que nos imantamos pelos nossos sentimentos, atraindo os iguais.

O bom médium é aquele que no dia a dia, em suas atividades corriqueiras, não permite deixar-se ficar sintonizado com as trevas. Se verifica que falhou nesse sentido, lembra-se do 'orai e vigiai' para alinhar-se de novo com Jesus. Segue o conselho retirado do cap. XVII do *Evangelho segundo o Espiritismo*: "elevai o vosso Espírito para aqueles a quem chamais, a fim de que eles possam, encontrando em vós as disposições favoráveis, lançar em profusão as sementes que devem germinar os vossos corações, para neles produzir os frutos da caridade e da justiça".

Nos trabalhos de Assistência Espiritual essa sintonia com a Espiritualidade Superior é de fundamental importância. Para ser médium do amor e da caridade é preciso trabalhar para domar os sentimentos de orgulho, egoísmo e personalismo sempre presentes em nós. É uma autoeducação continuada. A Espiritualidade Superior nos traz em cada oportunidade de serviço mediúnico as possibilidades de servir, de ajudar e de aprender a amar. Cabe a nós não as menosprezar.

Ainda não nos conscientizamos totalmente sobre a responsabilidade que temos de manter a sintonia com a Espiritualidade Superior durante o maior tempo possível. Sintonia não ocorre de um momento para outro. Ela se constrói. Imaginemos que para uma noite de trabalhos de amor e caridade a Espiritualidade necessite do concurso de um determinado médium. O que dizer se este médium não se preparou, não estiver em condições?

Lembremo-nos, portanto, da prece constante, do agradecimento ao Alto pelas tarefas finalizadas, de pedir a força para resistir às tentações, e de atentar para uma maior capacidade de analisar o que devemos fazer a partir da ajuda dos mentores amigos.

Não imaginemos, porém, que para viver em constante comunicação com o Alto seja preciso entregar-se ao cilício e cobrir-se de cinzas. "Não, não, ainda uma vez: não! Sede felizes no quadro das necessidades humanas, mas que na vossa felicidade não entre jamais um pensamento ou um ato que possa ofender a Deus, ou fazer que se vele a face dos que vos amam e vos dirigem", nos lembra novamente *O Evangelho segundo o Espiritismo* ao falar do Homem Novo.

O Trevo - nº 436 - pág. 12 - Novembro/2011

(Re) Descoberta da Mediunidade

Conselho Editorial de O Trevo

Os famosos “Prolegômenos” que constam do início de *O Livro dos Espíritos*, iniciam por estas breves considerações de Kardec:

“Fenômenos que escapam das leis da Ciência vulgar se manifestam em toda a parte e revelam, em sua causa, a ação de uma vontade livre e inteligente.

A razão diz que um efeito inteligente deve ter por causa uma força inteligente, e os fatos provaram que essa força pode entrar em comunicação com os homens por meio de sinais materiais.

Essa força, interrogada sobre a sua natureza, declarou pertencer ao mundo dos seres espirituais que se despojaram do envoltório corporal do homem. É assim que foi revelada a Doutrina dos Espíritos.

As comunicações entre o mundo espírita e o mundo corporal estão na natureza das coisas e não constituem nenhum fato sobrenatural. Por isso, delas se encontram vestígios entre todos os povos e em todas as épocas. Hoje, elas são gerais e patentes para todo o mundo.”

Nas civilizações antigas, a mediunidade era recurso reconhecido e amplamente utilizado. Séculos antes da construção do método científico, as pessoas não tinham necessidade de provas lógicas para aceitar o processo de comunicação, o que demonstrava a força da fé, mas abria possibilidades ao embuste, à farsa e à má-fé.

Séculos depois, fomos arrojados ao extremo oposto da dúvida e do racionalismo materialista que, aliados ao esquecimento das encarnações passadas, ergueu uma civilização ao mesmo tempo tecnológica e cruel, onde a lógica é a do lucro e do egoísmo.

Para arrancar a mente coletiva desse movimento pendular entre o materialismo e a fé cega, recebemos uma nova Revelação. Confiando em nossa capacidade de usar o raciocínio, os Espíritos superiores nos ensinaram a separar o joio do trigo, para descobrirmos a dimensão espiritual e, por via de consequência, o caminho da própria libertação.

Libertar-nos do quê? Estamos presos e não o percebemos, por isso não sentimos essa necessidade. Nem mesmo quando nos habituamos aos livros e mensagens mediúnicas, parece que uma parte de nós sabe que o mundo espiritual existe, mas outro ‘eu’ interior continua agindo como se tudo o que existe seja apenas o mundo da matéria. Enfim, levamos uma vida dividida, em uma espécie de ‘dupla personalidade’.

Um programa de iniciação espiritual como o da nossa Escola de Aprendizes do Evangelho, associado ao Curso de Médiuns, possibilita que o discípulo de Jesus (ou seja, o iniciado do terceiro grau) comece um processo de coerência intima, aproximando estas 'duas personalidades'.

Atitudes espiritualmente corretas: Agir na sociedade como cidadão exemplar, cumpridor de deveres, zelador de suas posses temporárias, encargos e responsabilidades. Lidar de modo inteligente e prudente com os conflitos de interesses e reconhecer as tendências de trevas e luz que se debatem no mundo interno da consciência. Perceber influências incorpóreas sobre as nossas ações e as dos outros. Saber orar com e sem palavras. Discernir quando silenciar, porém, nunca se omitir quanto ao que é certo e o que é errado. Estudar o equilíbrio das forças da Natureza para respeitá-la em pequenas e grandes atitudes. Lembrar nossa origem divina ao recorrer à fonte da intuição. Desenvolver empatia para as dores ostensivas e as ocultas e despercebidas.

A Terceira Revelação redescobriu a Mediunidade como fator de progresso humano. Mas a sociedade, em todos os seus segmentos, somente a utilizará confiante, quando predominarem os exemplos de pessoas que a empregam para produzir o bem em todas as circunstâncias.

O Trevo - nº 452 - pág. 11 - Abril/2013

Mediunidade sem improviso

Edna Maria Dourado

O aspecto moral no desempenho das faculdades mediúnicas vem sendo enfatizado ao longo dos tempos pelos Espíritos Superiores.

Em *O Evangelho segundo o Espiritismo*, cap. XXIV, Kardec esclarece que a mediunidade é simplesmente uma aptidão para servir de instrumento mais ou menos dócil aos Espíritos. No entanto acrescenta que o bom médium não é aquele que tem facilidade de comunicação, mas o que é simpático aos Bons Espíritos e só por eles é assistido.

Ser médium não basta por si só. André Luiz, no *Missionários da Luz*, cap. 3, enfatiza ser o Espiritismo Cristão a revivescência do Evangelho de Nosso Senhor Jesus Cristo e a mediunidade é um de seus fundamentos vivos, que todas as criaturas a possuem, porquanto significa percepção espiritual, e que deve ser incentivada em nós mesmos. Comenta ainda que não basta perceber. É imprescindível santificar essa faculdade, convertendo-a no ministério ativo do bem.

Ser médium não privilegia nem atesta a ética ou a moral ilibada. Ao contrário, traduz, normalmente, uma criatura compromissada a buscar a reparação pelo próprio esforço de autoconhecimento.

Então, para melhor servir, o candidato ao desenvolvimento das faculdades mediúnicas deve sustentar-se no firme propósito de:

• renovar-se moralmente, renunciando a si mesmo com abnegação e humildade;

• resistir às adversidades com fé inquebrantável, não se desviando dos compromissos e executando seu trabalho com invariável fidelidade, inspirando, assim, confiança nos dois planos;

• estudar e aprimorar-se sem esmorecer para construir sua própria base doutrinária, pelo uso da fé raciocinada amparada na Ciência, na Filosofia e na Religião, para que não se torne refém da ignorância ou adversário da própria Doutrina Espírita.

Não foi por acaso que a Espiritualidade Superior orientou a implantação de Escolas de Aprendizes do Evangelho (EAE) como uma grande oportunidade para a transformação do ser humano, por meio do aprendizado e vivência do Evangelho.

Também, não é por acaso que o Curso de Médiuns tem início no grau de Servidor da EAE. O esforço da purificação íntima (proposta da EAE) desenvolve faculdades psíquicas que despertam a mediunidade no 'discípulo em preparação'.

Isso quer dizer que as melhores condições para orientação e apoio ao médium de prova ou tarefa são criadas no período em que o mesmo se encontra sob proteção espiritual da EAE, motivo pelo qual ambas as escolas caminham juntas! Ou seja, a EAE, propondo o autoconhecimento, a reforma íntima e a evangelização ao adepto, e o Curso de Médiuns, visando o aprimoramento constante e a prática da fraternidade universal.

Com esse programa, complementando o processo iniciático da EAE, Edgard Armond tirou a mediunidade do improviso, isto é, primeiro a construção interna ou revalorização de princípios morais evangélicos, depois a dedicação à prática desses princípios, juntamente, com a técnica mediúnica.

A Aliança Espírita Evangélica oferece o Curso de Médiuns objetivo, didático, de fácil aplicação, de preparação teórico-prática, destinado a educar os médiuns para o desenvolvimento e uso da mediunidade dirigida aos trabalhos evangélicos. É aberto a todos os alunos que estiverem no grau de Servidor, podendo frequentá-lo apenas aqueles que se mantiverem na EAE.

O objetivo é educar, disciplinar e capacitar criaturas comprometidas com a 'tarefa mediúnica'. Mediunidade tarefa, portanto, é aquela que preenche os seguintes requisitos:

• ter sido aceita antes da reencarnação, para ser posta com desprendimento a serviço dos semelhantes;

• ser aquela que no período de desenvolvimento oferece maiores garantias de eficiência, aproveitamento e estabilidade;

• ser exercida como sacerdócio, sobrepondo-se aos preconceitos religiosos e sociais e outras injunções de caráter meramente humano.

Diferentemente do indivíduo com mediunidade natural, que é faculdade própria do Espírito, conquista sua, quando atingiu graus mais elevados na escala evolutiva, senhor de uma sensibilidade apurada que lhe permite vibrar, normalmente, em planos superiores, o portador da mediunidade tarefa é aquele que, por meio do esforço íntimo, luta para vencer as forças da inferioridade, tendo a faculdade como prova para autossuperação.

No entanto, apesar de todo o esforço íntimo para se tornar melhor, deverá estar consciente de que a mediunidade é faculdade a ser exercida com simplicidade, em que o amor e a dedicação, juntamente com a segurança que o conhecimento oferece, serão, com certeza, pilares de construção de um mundo melhor em parceria com a Espiritualidade Superior.

O Trevo - nº 484 - pág. 11 - Maio-Junho/2017

O TREVO - MÉDIUM

Médiuns

Catarina N. de Santa Bárbara

"Ou, melhor: comparemos os médiuns a esses bocais cheios de líquidos coloridos e transparentes, que se veem nos mostruários dos laboratórios farmacêuticos. Pois bem, nós somos como luzes que clareiam certos panoramas morais, filosóficos e internos, através dos médiuns, azuis, verdes, ou vermelhos, de tal sorte que os nossos raios luminosos, obrigados a passar através de vidros mais ou menos bem facetados, mais ou menos transparentes, isto é, de médiuns mais ou menos inteligentes, só chegam aos objetos que desejamos iluminar, tomando a coloração, ou, melhor, a forma de dizer própria e particular desses médiuns." (O Livro dos Médiuns, cap. XIX - item 225).

Nós, servidores, discípulos, somos convidados a nos colocar à disposição da espiritualidade para servir como intermediários de dois mundos. E qual a bagagem que oferecemos aos nossos irmãos desencarnados? Nosso vidro está transparente ou cheio de manchas?

O caminho iniciático da Escola de Aprendizes nos indica como estamos; por isso, podemos afirmar que se nossa Reforma Íntima vai bem, nossos vidros estão mais transparentes. Servir como intermediário dos bons Espíritos, oferecendo-lhes um panorama moral, filosófico e psicológico estável é um dever do iniciado que vive conscientemente sua transformação espiritual.

A intensa ligação com a espiritualidade é uma bênção que a Escola nos oferece, e o desenvolvimento mediúnico é um vasto campo de trabalho para todos nós, que deve ser realizado da melhor forma para que sejamos fiéis às orientações da espiritualidade.

O Trevo - nº 380 - pág. 17 - Julho/2006

O Médium

Catarina N. de Santa Bárbara

"Suponhamos agora que a faculdade mediúnica esteja completamente desenvolvida; que o médium escreva com facilidade; que seja, em suma, o que se chama um médium feito. Grande erro de sua parte fora crer-se dispensado de qualquer instrução mais, porquanto apenas

terá vencido uma resistência material. Do ponto a que chegou é que começam as verdadeiras dificuldades, é que ele mais do que nunca precisa dos conselhos da prudência e da experiência, se não quiser cair nas mil armadilhas que lhe vão ser preparadas. Se pretender muito cedo voar com suas próprias asas, não tardará em ser vítima de Espíritos mentirosos, que não se descuidarão de lhe explorar a presunção."

(O Livro dos Médiuns, cap. XVII - item 216).

A mediunidade é uma bênção de Deus em nossas vidas, e nos é concedida a oportunidade do seu desenvolvimento quando ingressamos no grau de servidor. Até esta etapa no processo de iniciação tivemos a oportunidade de trabalhar muitos sentimentos, e muitos que terminam o Curso de Médiuns estão prestes a terminar a Escola de Aprendizes do Evangelho (EAE) ou já terminaram.

Mesmo tendo desenvolvido plenamente as faculdades mediúnicas, Kardec nos ensina que é preciso mais, é preciso prudência, experiência e também podemos afirmar que é preciso renovação de sentimentos.

Por isso, desenvolvimento mediúnico e reforma íntima devem caminhar juntos, e recebemos esta oportunidade através da Escola de Aprendizes. Há os que chegam à Escola apenas para fazer o Curso de Médiuns, e alguns compreendem que o desenvolvimento mediúnico necessita do aperfeiçoamento moral e qual a razão de ser oferecido este curso somente no segundo ano da EAE.

Devemos estar atentos à orientação de Kardec para não cairmos nas armadilhas dos Espíritos mentirosos, e cuidarmos com muita prudência da natureza de nossos sentimentos quando nos propomos ao desenvolvimento da mediunidade.

O Trevo - nº 384 - pág. 18 - Novembro/2006

Comentários da Doutrina

Edgard Armond

(...)

O culto sincero e efetivo de Deus e de suas leis purifica o local onde se realiza, saturando-o de influências benéficas.

Haverá, sem dúvida, muitos lugares onde esse culto pode ser exercido, de umas ou outras maneiras, mas nenhum como aquele onde possamos estabelecer melhor sintonia com Deus, recebendo deste o que for realmente necessário às nossas necessidades de crescimento espiritual.

Cavando o chão –diz um Instrutor– encontraremos água, mas havendo perto um poço ou um lago, ou um rio, retiraremos deles toda água de que carecermos, sem preocupações de medida ou qualidade.

(...)

Um objeto não pode refletir-se na água agitada pelo vento e assim Deus não pode refletir-se no lago da nossa mente se esta estiver turvada por desejos, ambições, e preocupações de ordem material.

Ao nos prepararmos para meditações ou trabalhos espirituais de intercâmbio com o Alto, devemos fazer previamente exercícios de respiração adequada, porque esta influi sobre a mente, estabilizando-a.

Em seguida, concentrando-se e utilizando a vontade, tornaremos a mente livre e aberta aos influxos que vêm do Plano Espiritual.

A mente é como um lago de águas que o vento agita, uma tela branca sobre a qual os Espíritos projetam suas ideias, pensamentos e vontades; quando está tisnada por impurezas, não recebe e não transmite com fidelidade.

O Trevo - nº 19 - pág. 1 - Setembro/1975

Aos Médiuns

Mensagem recebida em 2/5/79
no Grupo A Caminho da Luz

Médiuns, somos todos.

Como disse o admirável Kardec, uns em maior, outros em menor escala.

Muitos querem, mesmo quando ainda em desenvolvimento, serem sensitivos a tal ponto de sentir a presença das mais sutis manifestações ou aproximações; no entanto, esses mesmos médiuns ainda não conseguiram trabalhar os seus corações, em um trabalho árduo e contínuo, para, ao menos, poderem sentir e admirar a maravilha de uma rosa orvalhada, em uma manhã de sol aberto.

Muitos gostariam de ouvir nitidamente mensagens da Espiritualidade Maior; no entanto, não dão ouvidos ao choro de fome ou frio de uma criança desamparada ao relento.

Outros tantos desejariam falar e proferir grandes palestras que chegassem, graças à oratória mediúnica, a estraçalhar os corações dos ouvintes! Mas esses mesmos médiuns ainda não foram capazes de dar um conselho fraterno, uma palavra de esperança e confiança em Nosso Pai Celestial a um irmão decaído moralmente.

Há os que gostariam de possuir a vidência em seu grau maior, para vislumbrar as belezas do plano espiritual; no entanto, ainda não tiveram olhos para ver, ao seu redor, uma mão estendida pedindo ajuda ou, se a vêem, procuram desviar sua atenção para algo que julgam ser de maior importância.

A incorporação! Como seria maravilhoso ceder o corpo a uma entidade desencarnada de alto grau de evolução! Mas esses mesmos médiuns esquecem-se de doar esse mesmo corpo ao trabalho a favor do próximo carente, preferindo deixá-lo em repouso, estendido confortavelmente no sofá, a deliciar-se do ar condicionado da sua casa ou mansão.

Ah! A Psicografia! Todos desejariam tê-la em grau adiantado e que possível fosse escrever fluentemente mensagens consoladoras, de alto cunho moral, daqueles que já se foram! No entanto, esses mesmos médiuns não estão em condições de colaborar com um número extraordinário de irmãos, escrevendo, eles mesmos, uma página de fé, de carinho, de testemunho do amor do Mestre. Não o fazem. A preocupação não deveria ser apenas para os que já se foram, pois muitos há, aqui a nosso lado, que precisam de ajuda e esclarecimento. Enquanto vivos, as condições que se oferecem para uma nova semeadura de amor são maiores e mais favoráveis.

E assim, queridos irmãos, procurem excluir-se desta classificação colocada acima.

Procurem não ser como aqueles que preferem ir diretamente à cobertura do edifício, sem sequer terem iniciado suas bases. Ou daqueles que querem ver o balão no alto, sem terem ateado fogo para que o ar pesado fosse eliminado de dentro dele.

Não nos esqueçamos de que, a nosso lado, existem um sem número de irmãos carentes. Que tal iniciarmos a nossa tarefa ajudando--os? Ou mais ainda, vamos iniciar por aquele que está bem mais perto, mais ainda... Vamos iniciar por nós mesmos, por nosso coração, que ainda é duro e cheio de imperfeições. Aí sim, partiremos firmes para a caminhada, que já não nos parecerá tão longa.

O Espiritismo visa atingir a cada um em seu íntimo mais íntimo, sabendo que é a maneira mais segura de melhorar o mundo.

Vamos realmente iniciar pelo início. Trabalho edificante nunca faltará àqueles que se dispõem a colaborar na tarefa grandiosa da caridade e do amor ao próximo, nos preceitos de Jesus.

Que Deus abençoe a todos. Um amigo.

O Trevo - nº 69 - pág. 2 - Novembro/1979

Mediunidades

Carlos Torres Pastorino

A mediunidade que todos esperamos é a espetacular, a fenomênica.

Pedimos a VIDÊNCIA, para ver os Espíritos de grande luz, para contemplar as belezas da pátria espiritual, ou para descobrir piedosamente os necessitados do UMBRAL, levando-lhes auxílio na medida de nossas possibilidades?

Suplicamos a CLARIAUDIÊNCIA, para ouvir coros celestes, deliciar-nos com os conselhos dos bons Espíritos, ou atender aos apelos dos desencarnados que pedem orientação?

Queremos servir de intermediários na PSICOGRAFIA entre os instrutores espirituais e os homens?

Ambicionamos a INCORPORAÇÃO, para que em nós se manifestem os bons Espíritos em preleções luminosas, ou os sofredores em lamentações, para serem consolados e reequilibrados?

Esperamos a VIAGEM ASTRAL, como prêmio ao nosso gosto em frequentar sessões ou para atender aos Espíritos que de longe nos chamam?

No entanto, vemos por acaso, com atenção, as glórias da natureza em redor de nós?

Olhamos, sem desviar os olhos, os pobres e aleijados, os doentes e estropiados, os aflitos e desesperados?

Utilizamo-nos bem do dom da VIDÊNCIA que já recebemos do Senhor aqui na Terra para, vendo-lhes as misérias, levar-lhes auxílio?

Aproveitamos o dom da PSICOGRAFIA, isto é, do conhecimento da escrita, para ensinar a uma criancinha pobre, a uma empregada analfabeta?

Lembramo-nos que cada um de nós traz, em si mesmo, um Espírito INCORPORADO, que precisa progredir? E o que fazemos dele?

E as VIAGENS aos morros, para socorrer os pobres... a orfanatos, para acariciar crianças... a hospitais, para aliviar aos enfermos... a asilos, para consolar os velhinhos... a leprosários, para ajudar os sofredores, nós as fazemos?

Se não pomos em prática os dons mediúnicos que já temos na matéria, por que queremos buscar outros de fora, que não dependem de nós?

Desenvolvamos bem essas mediunidades que já nos foram concedidas pelo Senhor, e no tempo oportuno receberemos todas as outras.

Atendamos primeiro ao próximo, que está em redor de nós, e, depois, teremos lastro para ir atender a outros, no outro Mundo.

O Trevo - nº 122 - pág. 6 - Abril/1984

Esclarecendo (Comunicações Mediúnicas)

Edgard Armond

P – Até que ponto se pode confiar nas comunicações mediúnicas?

R – Não há medida certa nem regra fixa na multiplicidade das circunstâncias a considerar; mas há condições e princípios que podem assegurar autenticidade, até certo ponto. Dentre estes, o mais positivo, quanto à qualidade, é este, segundo o qual, o médium evangelizado, moralmente formado, que já superou paixões inferiores e interesses mundanos perecíveis, esse, merece respeito e credibilidade.

Notadamente os que fizeram os cursos de médiuns e a Escola de Aprendizes do Evangelho com real proveito, em casas espíritas de confiança, na competência e na moralidade, esses merecem confiança, porque por eles os Espíritos responsáveis conseguem manifestar-se com mais desembaraço e segurança.

O Trevo - nº 15 - pág. 1 - Maio/1975

Na comunicação mediúnica

Aletheya Arien

Os Espíritos nada mais são do que os próprios homens desencarnados. A desencarnação não é, por si só, como que um diploma, uma garantia de ‘santidade’ sem esforço próprio e conhecimento.

A repetida vivência na Terra, através de várias reencarnações, não confere ao Espírito uma diversidade de conhecimento, isto porque Espíritos há que nada ou muito pouco aproveitam de suas passagens terrenas, pois o aproveitamento está diretamente relacionado com o aproveitamento das experiências vividas.

Esta é, sem sombra de dúvida, a razão por que se faz necessário o aprendizado, o estudo, para que não se tenha fé cega e se consiga aproveitar a existência presente como também as pretéritas.

Os médiuns, muitas vezes, acreditam piamente nas informações mediúnicas, sem atentarem à observação e confirmação da informação para peneirar e separar o joio do trigo, isto é, para bem aproveitar as informações mediúnicas de caráter benéfico e de verdadeiro aprendizado. Faz-se necessário que os Espíritos sejam ouvidos com cautela.

Allan Kardec, quando da Codificação, ouviu-os reiteradas vezes sobre o mesmo assunto e por médiuns diversos, buscando a confirmação da informação.

Não há de se permitir, ao médium, a invigilância, pois a inspiração, inerente à própria mediunidade, deve ser oriunda de perfeita sintonia para que a mensagem não sofra interferência anímica e distorções prejudiciais.

O Trevo nº 323 - pág. 15 - Maio/2001

Remédio

Gandhi - mensagem mediúnica

Dos lares e das casas espíritas saem os batalhadores de Cristo. Fora desses lares e dessas casas, difícil será a sua preservação.

É mister sejam as residências e centros purificados e fortalecidos, harmonizados e iluminados.

Para isso damos um remédio, ou quando menos, oferecemos receita:

– prece, prece, prece;

– Evangelho, Evangelho, Evangelho;

– estudo, estudo, estudo.

O Trevo - nº 72 - pág. 2 - Fevereiro/1980

É ou Está - Relembrando o Comandante

Jacques A. Conchon

Quando o jovem concluiu o relatório informando: "Carlos é espiritualmente perturbado", o Comandante solicitou licença para corrigi-lo.

— "Veja, com respeito às perturbações espirituais, nunca diga **ele é perturbado**, mas sim **ele está perturbado**."

Sem mais comentários nos despedimos, e, dado as atribulações daquele dia, somente na manhã seguinte o assunto emergiu do nosso inconsciente reclamando uma análise mais acurada.

Havia antigamente, no capítulo das perturbações espirituais, um ferrete que, infelizmente, até hoje persiste em certas comunidades espíritas: o sinal ignominioso que marca a vítima de uma obsessão.

Segundo a crença do passado (porém ainda presente) o **bom espírita** encontra-se fora do alcance das investidas do mal. Somente os fracos se deixam envolver, é a crença.

Uma vez obsediado, o assunto é comentado de maneira furtiva, à boca pequena e com uma certa dose de mistério. Atribuindo uma descabida fixidez no fenômeno, dizem: **ele é um perturbado**.

"Quem ora e vigia, anunciava um dirigente ao comentar o caso de um colega **envolvido com as trevas**, não cai em tentações."

Lamentavelmente, comentários como esse atribuem ao **bom espírita** uma ilusória invulnerabilidade e servem também como critério de avaliação (reparem, não falamos em julgamento). Ao fim, a 'invulnerabilidade' os torna mais vulneráveis, e a 'análise' sutilmente segrega o irmão.

Com o nosso Cmt. Armond, desde os albores da década de 40, as coisas mudaram: "Ninguém está livre dos assédios das forças do mal que se organizam de forma disciplinada para nos combater."

Oração e vigilância são nossas armas e o trabalho que desinteressadamente fazemos em favor do próximo nos garante a companhia de protetores. Contudo, somos falíveis face às pressões intentadas pelas trevas, que se instalam progressiva e silenciosamente. Sucumbimos, e o passo seguinte é **levantar!**

O processo de recuperação compreende nos submetermos aos tratamentos espirituais! Com humildade entraremos na fila e tomaremos o passe, assim como o observamos fazer quando se dirigia à Sala Richet, na velha sede da Rua Maria Paula.

Assim, do **ser** para o **estar**, muita coisa mudou: conscientes das nossas fraquezas e limitações, trabalhamos com mais segurança e não hesitamos em pedir socorro, comparecendo às nossas Casas Espíritas, não na condição de dirigente, mas na de assistido.

O Trevo - nº 117 - pág. 8 - Novembro/1983

A Disciplina Mental dos Médiuns

Antonio Gonçalves

A mente é o guia do homem, dela dependem todas as nossas ações e sentimentos. Se sua função é guiar, é importante que a mente seja educada, e esse é o dever de todo médium espírita que queira trabalhar na seara do Mestre. Todo médium que não educa a mente terá um progresso muito pequeno em seu trabalho, pois pouco valor tem a fé, desordenada por uma mente inquieta e insegura.

Os assistidos que procuram uma casa espírita esperam de nós amor e abnegação. Como disse uma elevada entidade: "O domínio do pensamento é tão importante e significativo na mediunidade como o leito é importante para o rio".

Toda corrente mediúnica, para ser forte, depende da educação e da disciplina mental daqueles que a compõem. Num grupo de médiuns no qual os pensamentos sofrem a influência do ambiente externo, a corrente é fraca, com pouco poder de atuação e penetração. Os componentes dessa corrente não são capazes de concentrar suas mentes nos objetivos do trabalho, e seus pensamentos continuam ligados aos problemas mundanos, desperdiçando, dessa forma, as energias que deveriam ser canalizadas para um fim superior.

Se os nossos pensamentos são fracos, dispersivos e caóticos, diluem-se rapidamente desperdiçando nossas energias; porém, se são treinados e dominados, podem produzir resultados extraordinários.

Pensamentos harmoniosamente combinados, através de um grupo de pessoas formando uma corrente, movidas por um mesmo propósito, adquirem um poder fantástico. Criam poderosos focos de energias mentais e espirituais, formando verdadeiras barreiras vibratórias, cúpulas de proteção de enorme poder, intransponíveis a toda e qualquer influência negativa.

Eis porque os que desejam servir a Jesus e a seu próximo esmeram-se em sublimar suas qualidades morais e educar seus pensamentos tornando-se canais das forças do bem.

Emmanuel nos ensina que "nossa alma vive onde está o nosso coração; caminharemos, ao influxo das nossas próprias criações mentais, seja onde for". Orai, disse Jesus; e vigiai, complementou. Vigiai atos, palavras e, principalmente, pensamentos.

O Trevo - nº 447 - pág. 7 - Outubro/2012

Mensagem aos Médiuns

Edgard Armond

(...)

É comum ver-se como os médiuns novos aplicam-se ao Trabalho de maneira exemplar. Vigiam-se, esforçam-se por melhorar, são assíduos, dia após dia aperfeiçoando-se no desenvolvimento e obedecendo rigorosamente à orientação dos instrutores. E como são escrupulosos e honestos, em receber e transmitir o que lhes vem do plano espiritual. Por isto são amplamente ajudados e, ao mesmo tempo, atingem pontos altos na cooperação, tornando-se aptos até mesmo a atividades individuais independentes.

Porém, atingido este ponto, defrontam-se com uma encruzilhada quanto a rumos. Uma alternativa, quanto à conduta: firmarem-se nas bases do aprendizado anterior, perseverando no trabalho, que tem sido, até ali construtivo, quando, bem entendido, os instrutores forem competentes, ou aventurarem-se no campo vasto, e muitas vezes enganoso, das teorizações, das novidades experimentais, ou, noutro sentido, das superstições, empirismos e misticismos, tão generalizados, de que os adeptos devem libertar-se.

Nestes casos, a conduta seria esta: se o aprendizado conduziu a resultados bons, se forneceu alicerces seguros e rumos bem definidos, fechar então os ouvidos e os olhos às tentações. Mas, como não devem cair na rotina estagnadora, que foge ao progresso e impede o desenvolvimento natural das atitudes, em caso de dúvidas, devem olhar bem, examinar tudo com cuidado, medir as consequências e, só então, aventurar os primeiros passos nos caminhos novos.

Muitos médiuns, julgando-se já emancipados e auto-suficientes, deixam de estudar, cristalizam-se no que já sabem, afundam-se no personalismo, desviam-se das bases iniciais, menosprezando-as, desgastam-se rapidamente na produção de trabalhos inúteis, cedendo à vaidade e, muitas vezes, sem o perceberem, caem no domínio dos Espíritos ignorantes e maldosos, fechando assim as portas a um progresso que lhes seria acessível, em outras ocasiões.

Sejam porém quais forem suas condições de trabalho, há recomendações e cuidados que convém ter em vista, como por exemplo: neguem-se à exibição de suas faculdades, para atendimento de pedidos de pessoas simplesmente curiosas ou mal intencionadas. Nestes casos as faculdades podem ser facilmente neutralizadas por vibrações negativas, sobretudo as de vidência, porque as ondulações cerebrais de pessoas incrédulas, desafetas ou interessadas, nos dois planos, em provocar fracassos, borram os padrões das imagens, cerram o campo do trabalho, cortam os fios de ligações com o exterior. Prejudicam assim o médium na sua reputação e a Doutrina na sua difusão normal.

Não se ofereçam, não apressurem em aceitar desafios ou oferecer provas de suas faculdades. Não trabalhar em qualquer ambiente, sob a direção de qualquer dirigente.

Não se apressar em penetrar nas auras ou nos pensamentos de outrem, sem motivos justificáveis.

Testem, de vez em quando, o resultado do seu trabalho, não por vanglória, mas quando suspeitarem que podem ter más consequências em qualquer sentido.

Tudo isso para que possam ter certeza de que sua cooperação é benéfica e produtiva para todos. A transgressão dessas regras na prática traz sempre um enfraquecimento das faculdades, sua degeneração e consideráveis danos à tarefa encarnativa. Além disso, afastam os instrutores de responsabilidade.

(...)

O Trevo nº 199 - pág. 1 - Setembro/1990

Mediunidade e Trabalho

Atualmente, há muitas teorias sobre mediunidade, entretanto, a faculdade mediúnica não é um fenômeno de nossos dias; ela sempre existiu desde a criação do mundo. Só que antigamente não se rotulava mediunidade e sim bruxaria, magia e outros nomes. Contudo, este conhecimento ainda é muito restrito, porque estamos num planeta a caminho da evolução e não conseguimos nos ligar ainda com o mundo espiritual superior. Somente através de reencarnações sucessivas é que conseguiremos melhorar o nosso padrão evolutivo e depois entenderemos melhor o mediunismo, que não é privilégio individual, mas sim um fenômeno universal.

Nós, que somos candidatos a medianeiros dos Espíritos do Senhor, não devemos nos vangloriar muito, em virtude de que todos os médiuns são Espíritos devedores, e que Deus nos está dando uma oportunidade nesta encarnação para começarmos a ressarcir as nossas dívidas do pretérito, que são tantas e que temos que começar a pagá-las por aqui mesmo.

Mas, agora vamos ao assunto. Qualquer que seja a natureza da mediunidade, o desenvolvimento deve sempre começar por um período de adaptação, como testes de percepção de fluidos, sentir a aproximação de um Espírito, fazer o contato e depois a manifestação.

Mas para sermos bons médiuns temos que nos aprimorar nos estudos evangélicos, nos reformar intimamente, tomarmos conhecimento da Doutrina Espírita e suas oportunidades no campo do intercâmbio espiritual. Mas, como perceberemos se temos mediunidade? Ela não raro começa a se manifestar através de perturbações físicas ou psíquicas, moléstias de toda ordem, e complicações das mais variadas. É deste modo que Deus chama as criaturas portadoras dessa faculdade para a tarefa que programaram antes de reencarnarem, e que ele na sua infinita misericórdia, no-la concedeu.

Assim sendo, devemos estudar muito, sermos disciplinados e humildes, para termos oportunidade de trabalho no campo da espiritualidade. Devemos orar muito para que a nossa aura mediúnica se purifique cada vez mais.

Os médiuns são, pois, os porta-vozes humanos dos Espíritos; para tanto devem ter esclarecimentos suficientes da Doutrina Espírita para serem os verdadeiros apóstolos do Senhor.

Mediunidade com Jesus é servirmos aos nossos semelhantes sem discriminação qualquer, desenvolvê-la e usá-la na prática do bem; não devemos desprezar esta oportunidade de servir; e sigamos adiante com coragem e humildade, amando e servindo com fraternidade.

É imprescindível, portanto, que nos eduquemos, estudando e raciocinando, melhorando os nossos conhecimentos e as nossas atitudes, aceitando a tarefa com amor e perseverança, como fazemos com as nossas tarefas do dia a dia.

O Trevo - nº 38 - pág. 2 - Abril/1977

O TREVO - EDUCAÇÃO MEDIÚNICA

Educação Mediúnica - Batuíra

28/04/81 - no C.E. "Caminho da Redenção" - *BA*

Divaldo Franco

Inúmeros companheiros de lides espiritistas queixam-se, amiúde, dos parcos resultados que colhem do exercício da mediunidade.

Afirmam que, não obstante frequentarem reuniões específicas para a educação da mediunidade, os tentames encetados durante vários anos a fio não produziram os frutos esperados.

Os que lograram algum efeito positivo informam que as comunicações recebidas não passam de trivialidades, quer no fundo quanto na forma.

Todos esclarecem que esperavam uma colheita estimulante, podendo demonstrar, sem qualquer dúvida, a procedência extrafísica das mensagens, a interferência mais evidente dos Espíritos desencarnados.

Com efeito, entremostram-se desanimados, duvidosos, com receios que não se justificam.

A mediunidade, como é compreensível, varia de indivíduo para indivíduo, sendo mais expressiva nuns do que noutros, portadora de características e peculiaridades especiais programadas para objetivos correspondentes.

Cada médium está incurso numa tarefa a que se deve adaptar, perseguindo os objetivos do próprio aprimoramento e contribuindo para o bem geral.

Graças ao passado espiritual de cada qual, variam as potencialidades psíquicas, não havendo, portanto, dois médiuns iguais, como iguais não existem comportamentos e realizações noutros setores de atividade morais.

A educação da mediunidade exige a aplicação de recursos que dependem do próprio candidato, a benefício de si mesmo.

O fenômeno espontâneo, natural, irrompe sem que se estabeleçam condições antecipadas. Todavia, quando se deseja desdobrar os recursos mediúnicos e canalizá-los corretamente, o estudo consciente da Doutrina Espírita se apresenta como condição primeira, inadiável.

Concomitantemente, a reforma moral do aprendiz e o esforço pela vivência dos ensinamentos evangélicos numa edificante atividade de socorro fraternal, atraem a atenção dos bons Espíritos que se dispõem a contribuir, por sua vez, no desdobramento dos labores a que se candidata.

A perseverança no compromisso e o recolhimento íntimo, com desapego natural das paixões inferiores e dos artifícios secundários da vida social com suas questiúnculas e condicionamentos, produzem uma liberação das matrizes dos **registros psíquicos** aos quais se adaptam as tomadas mentais dos Benfeitores desencarnados, estabelecendo-se um seguro intercâmbio que se fará mais pleno e fiel à medida em que se depure o médium através da vivência dos postulados espirituais.

A mediunidade colocada a serviço de Jesus deve ser adaptada ao programa que se origina no mundo espiritual, tornando o medianeiro dócil e submisso ao trabalho superior, evitando impor-se, exigir condições especiais e resultados rápidos que parecem levar à **promoção pessoal**, ao **sucesso**, ao relevo **e ao aplauso**.

Tenha-se em mente que o trabalho, na mediunidade espírita consciente, ainda é sacrificial, de renúncia e evolução, embora os que se devem afadigar no labor dignificante não se queixem, não o confessem, não relatem as dores e dificuldades sofridas, essas lapidadoras abençoadas da vida.

Por fim, a conduta do aprendiz da mediunidade deve ser sempre a mesma, disciplinada e moralizada, em particular como em público, durante as reuniões especializadas ou fora delas, médium que é em toda circunstância, atraindo companhias conforme a direção mental em que se projete a psicosfera em que se movimente.

O Trevo - nº 96 - pág. 4 - Fevereiro/1982

Perfil do Dirigente

Mayr da Cunha

Num opúsculo escrito pelo Comandante Edgard Armond sobre a mediunidade, encontramos, no seu final, manifestação do Instrutor Espiritual a respeito do perfil do dirigente das Escolas de Aprendizes do Evangelho e de Médiuns.

Tratando-se de assunto sempre discutido nos encontros regionais e geral da Aliança e que também deve fazer parte das reuniões de diretorias de casas espíritas, reputamos ser importante analisar o que nos trouxe o Instrutor.

Disse-nos: "São necessárias sempre escolas, mas dirigidas por pessoas capacitadas, que se aprofundaram nas necessidades reais da espiritualização, e expositores possuidores de formação doutrinária satisfatória; e verdadeiros arautos não são somente os alunos e os médiuns, mas também os dirigentes, instrutores e responsáveis".

Armond e o dirigente

Complementa Edgard Armond: "Reconhecemos também como justos esses conceitos, mas entendemos que, dentro da Aliança e casas similares, tudo deve ser real e verdadeiro, e o espírito de sacrifício, que foi base moral do ensino nas Escolas de Aprendizes e de Médiuns, deve ser a norma e o padrão de conduta para as conquistas a atingir por todos em dado tempo de evangelização aceita, consentida e praticada. E podemos afirmar que para todos nós, Espíritos conscientes e dedicados, a vida não é somente contemplação, mas luta árdua para a fraternização em termos reais e cristãos com Jesus".

Diante do exposto, resta-nos a indagação que fazemos a todos os núcleos integrados: Será que todos os dirigentes de Escolas de Aprendizes e de Médiuns enquadram-se nos parâmetros estabelecidos ou são levados a desempenhar tão importante e valioso trabalho porque são portadores dos atributos citados anteriormente?

Essa é uma preocupação que deve ser constante em todas as casas e não apenas quando se está prestes a iniciar uma nova turma. A boa vontade e a disposição do futuro dirigente não devem ser a única exigência a levar alguém a ser escolhido para dirigir uma escola. Lembremos que o dirigente vai ser como um pastor. Como tal, se faz necessário que conheça todos os caminhos do pastoreio.

O dirigente não vai desempenhar cargo para ter 'status' ou receber lauréis. Não estará ali para agradar, mas principalmente ser justo e enérgico, devendo agir, sempre, com prudência e serenidade, ser simples e humilde, brando e pacífico. Certamente, quando se conseguirem dirigentes com todos esses atributos, a turma estará sendo conduzida por um verdadeiro discípulo de Jesus. Esse deve ser o ideal a ser atingido, embora saibamos que nem sempre isso será possível na sua totalidade.

No entanto, temos a certeza de que todos os futuros dirigentes estão capacitados para atingir esse perfil e, dessa forma, serem como preconizaram tanto o Instrutor Espiritual como o Comandante Edgard Armond.

O Trevo nº 254 - págs. 1 Agosto/1995

Mensagem para Dirigentes de Escolas e Cursos de Médiuns

Mensagens e Instruções – págs. 77/78

O Dirigente de Escolas ou Cursos de Médiuns, antes de quaisquer outros requisitos, deve ser conhecedor do assunto, não só por uma questão de lógica e coerência, como, também, pela própria transcendência do problema em si mesmo, visto que lhe são entregues, para o devido encaminhamento, irmãos nossos comprometidos, desde antes da reencarnação, a colocarem ao serviço da redenção dos semelhantes as faculdades psicofísicas que lhes foram concedidas pelo Plano Espiritual.

Sendo a mediunidade o canal mais seguro e apropriado do intercâmbio entre os dois planos –etéreo e físico–, por ele é que vertem para a Terra e se difundem os ensinamentos, as instruções, e as diretrizes que os colaboradores e representantes do governo espiritual da Terra transmitem para o bem de todos.

Por esse canal é que também se exerce o intercâmbio evangélico da caridade espiritual, que desce dos céus como uma bênção sobre todo o sofrimento humano, facultando aos Benfeitores acudirem aos necessitados encarnados, no cumprimento da promessa feito pelo Divino Mestre, segundo a qual, depois que se retirasse, mandar-lhes-ia o Paracleto, o Consolador, através dos quais continuaria a assistir a todos, auxiliando-os e encaminhando-os nas suas dificuldades, desvarios e sofrimentos cármicos.

A mediunidade no momento é o recurso mais valioso que o Plano Maior possui para assegurar a redenção do maior número de seres humanos e, por isso, depende grandemente dos médiuns bem preparados e capacitados.

Tudo isso o Dirigente dever ter presente quando se coloca à frente de uma turma de médiuns, para o competente desenvolvimento, do qual também vai depender o comportamento, o êxito ou o fracasso de suas atividades futuras.

Para orientar e facilitar o trabalho dos Dirigentes é que sugerimos o método chamado 'Das Cinco Fases', que, quando aplicado com o devido conhecimento e obediência às regras estabelecidas, garante um desenvolvimento consciente, eficiente, suave e seguro, mesmo porque nele participam os instrutores espirituais em larga escala, como grandes interessados nos seus resultados.

O problema, portanto, para o Dirigente, no sentido técnico, é enfronhar-se no método e aplicá-lo segundo as regras, para assegurar aos alunos esperança e emoção, não só no desenvolvimento propriamente dito, como no sequente aprimoramento de faculdades que possuir; o êxito do aluno é o êxito do Dirigente, que, assim sendo, pode entregar ao Plano Espiritual, sempre presente, trabalhadores devidamente preparados, aptos ao trabalho na Terra e à colaboração nos programas estabelecidos pelo Plano Maior.

Pelo que foi exposto, os Dirigentes podem medir o grau de responsabilidade que pesa sobre eles nesta tarefa meritória de desenvolver médiuns e prepará-los para o serviço do Divino Mestre, cuja outorga lhes foi feita por Ele, diretamente, no significativo e emocionante fenômeno do Pentecostes.

O Trevo - nº 431 - pág. 4 - Junho/2011

O TREVO - REFORMA ÍNTIMA

Kardec e a Reforma Íntima

Ney Prieto Peres

(...)

De *O Livro dos Espíritos* consultemos as perguntas 909, 912, 919 e 919-a, no cap. XII – Perfeição Moral:

909 – O homem poderia sempre vencer as suas más tendências pelos seus próprios esforços?

– Sim, e às vezes com pouco esforço; o que falta é a vontade. Ah, como são poucos os que se esforçam!

Essa é exatamente a tecla que mais se bate na EAE; o controle de si mesmo, o esforço na renovação interior, o treinamento progressivo da vontade começando pelo combate dos vícios mais comuns, para alcançar depois a transformação dos defeitos morais.

912 – Qual o meio mais eficaz de se combater a predominância da natureza corpórea?

– Abnegar-se.

Com apenas uma palavra os Espíritos apresentam o meio, de resultados mais efetivos, para combatermos a nossa animalidade, ou seja, pela abnegação. E abnegação, definida pelo Novo Dicionário da Língua Portuguesa, de Aurélio B. de Holanda Ferreira, significa: "Desinteresse, renúncia, desprendimento, devotamento, sacrifício voluntário do que há de egoístico nos desejos e tendências naturais do homem em proveito de uma pessoa, causa ou ideia".

(...)

O Trevo - nº 54 - pág. 1 - Agosto/1978

Alerta

extraído do livro
Na Seara do Evangelho - Bezerra

Não podemos deixar de vos recomendar novamente atenção e vigilância, prece e cuidado constante. As forças do Mal, bem o sabeis, aproximam-se mais e mais dos trabalhadores do Bem, e a cada dia cresce o seu número e poder.

Buscai, portanto, fortificar-vos a cada dia, constantemente vos precavendo contra as sugestões inferiores que de todos os lados vos cercam e convidam à inércia, ao descanso indevido, à diversão menos elevada, à companhia menos evangelizada, à demora em zonas inferiores do pensamento, e ao esquecimento dos mais sagrados compromissos.

Acautelai-vos também contra as situações menos elevadas em vossa vida de relação, aquelas, irmãos meus, que tantas vezes degeneram em discussões e conflitos. Quando virdes que a palestra vai assumindo tom menos cordial, afastai-vos, ou mudai de assunto. Quando virdes que o companheiro que se demora ao vosso lado assume intenções menos dignas em qualquer sentido, afastai-vos, irmãos meus. Quando, numa hora de lazer, pensamentos menos dignos vos acudirem, abri o Evangelho, ou buscai algo de útil a fazer.

Nunca vos demorais em situações que se possam tornar menos evangelizadas, menos elevadas e inspiradoras de maus pensamentos e atitudes. Buscai sempre o que seja bom e elevado, fugi do que seja inferior e perigoso à vossa evolução e, com a aquisição de tão salutares hábitos, paulatinamente, mais fácil se tornará a luta pela própria redenção, pois o hábito do Bem e da virtude uma vez adquirido e firmado, torna-se (por que não dizê-lo?) quase fácil.

Não vos esqueçais de que Jesus vos disse: "O meu jugo é suave, e o meu fardo é leve". Por que, então, encarar a virtude como fardo pesado e difícil de carregar, e o jugo do Mestre amoroso como servidão?

Buscai as situações em que não seja tão difícil a prática da virtude, e fácil se vos tornará ela. Naturalmente, não vos convidamos a fugir à luta redentora, e ao mundo em que o Pai vos colocou.

Convidamos-vos, isso sim, a fugirdes às situações menos elevadas, que bem poderíeis evitar se analisásseis com cuidado os convites que recebeis, e as oportunidades que se vos apresentam, de irdes aqui ou ali.

O Trevo nº 199 - pág. 1 - Setembro/1990

A incompatibilidade do vício com as conquistas espirituais

Adalberto Ferrão

- Para seguir o Mestre, necessitamos trocar os prazeres fúteis pelos valores eternos.

O Evangelho é rico em passagens e ensinamentos que, por se tratarem de palavras de Vida Eterna, não deixam qualquer margem de dúvida quanto ao uso do livre-arbítrio que o Pai nos concede.

Certo é também, que essa prerrogativa Divina confere-nos responsabilidades e deveres, que cedo ou tarde terão seus reflexos e desdobramentos pelo bom ou mau uso que delas fizermos. E isso se relaciona diretamente aos vícios.

Em Lucas, encontraremos no versículo 23 [cap. 9], as condições que Jesus nos oferece para segui-lo, *"Se alguém quer vir após Mim, negue-se a si mesmo, tome a sua cruz, dia após dia e siga-me"*.

Analisando essas recomendações do Mestre e na condição de seu aprendiz, fico a meditar na frase desse versículo que sinto como a mais forte: "negue-se a si mesmo". Vejo nela um apelo profundo do Mestre à renúncia aos prazeres fúteis e vulgares da matéria para então, liberto, poder segui-lo.

A outra é a parábola do filho pródigo que é do conhecimento de todos nós e que versa sobre aquele filho mais novo que pede ao Pai que lhe dê os bens que lhe pertencem, para que ele possa usufruí-los da forma que lhe convier.

Esse pai, pela sua bondade e sabedoria, já antevendo a riqueza de experiências que aquele filho iria viver, não lhe faz qualquer apelo, simplesmente, dá a parte que lhe compete e deixa-o ir. A partir daí, todos nós já sabemos o resultado de sua desventurada decisão.

Um fato chamou a minha atenção dentro dessa Parábola. Depois de todo o sofrimento e quando decide regressar à casa paterna, diz: "Levantar-me-ei e irei ter com o meu Pai", reconhecendo dessa forma o engano que havia cometido, quando na busca de ilusões abandonara a casa paterna.

Faço esse preâmbulo, para tentar expressar um sentimento que há muito tem me trazido profundas reflexões: quanto tempo temos gastado com discussões e debates em assuntos que, por si só, e diante de tantas orientações que o Evangelho nos traz, não mais deveriam constar em pauta de nossas reuniões?

Vemos na EAE um processo de Iniciação Espiritual profundo, que traz em seu bojo uma série de recomendações convocando-nos a fazer renúncias e a adotar normas disciplinares para que possamos atingir mais rapidamente um estágio espiritual mais elevado, para que venhamos a nos sublimar no prazer de servir.

Porém, como é incompatível a posse de vícios com a evangelização, aqueles que, por qualquer motivo, não se empenharam suficientemente para se livrarem dos vícios, sobretudo os mais simples, automaticamente estão se autoqualificando a permanecerem no grau de aprendiz. Não é o dirigente que promove ou barra o aluno a esse ou aquele grau de iniciação; é o próprio aluno que através da sua vontade, esforço e renúncia, conquista-o ou não.

Portanto, como dirigentes, bem que poderíamos atentar para as recomendações de Jesus, quando pede de maneira enfática a negação de nós mesmos para segui-lo ou as recomendações do Pai amoroso que dá toda a liberdade a seu filho que resolve partir, mesmo sabendo que seu aprisco se sobreporia às barreiras que o filho encontraria, fazendo-o voltar transformado.

Assim sendo, e dentro do universo social em que vivemos, observamos o poder de uma minoria fazendo pela mídia uma apologia descarada aos desregramentos produzidos pelo consumo do fumo e do álcool com desdobramentos sociais e familiares negativos.

Esse apelo é tão significativo que, por vezes, chega a ofuscar o grandioso trabalho da sociedade organizada, que através de grupos de apoio, ONGs, autoridades governamentais e religiosas e grandes empresas vêm realizando, no sentido de alertar e esclarecer os incautos, numa tentativa gigantesca, por meio de programas educativos e projetos de lei que objetivam cercear de todas as formas o uso dessas drogas socialmente permitidas.

É diante de tal cenário que nós, militantes em Casas Espíritas, constatamos, nas entrevistas, a dor e o sofrimento de pais, irmãos, avós e amigos atingidos por esse vírus terrível, e que dentre os recursos que lhes oferecemos como auxílio efetivo, há um poderoso antídoto, que tem como primeira dose, uma assistência espiritual estruturada na base sólida da moral evangélica e como complemento as portas redentoras da EAE.

Por tudo isso, sinto que não podemos hesitar e nem contemporizar com aqueles que desprezam as oportunidades oferecidas em detrimento de suas satisfações pessoais temporárias, não podendo nos esquecer de que constantemente estamos apelando aos amigos proteção e amparo "para lutar contra as forças do mal que tentam dominar o mundo".

O Trevo - nº 368 - pág. 15 - Junho/2005

Veneno Livre

Cartas e Crônicas - texto 18 -
Irmão X - Chico Xavier

Pede você que os Espíritos desencarnados se manifestem sobre o álcool, sobre os arrastamentos do álcool.

Muito difícil, entretanto, enfileirar palavras e definir-lhe a influência. Basta lembrar que a cobra, nossa velha conhecida, cujo bote comumente não alcança mais que uma só pessoa, é combatida a vara de ferro, porrete, pedra, armadilha, borralho, água fervente e boca de fogo, vigiada de perto pela gritaria dos meninos, pela cautela das donas de casa e pela defesa do serviço municipal, mas o álcool, que destrói milhares de criaturas, é veneno livre, onde quer que vá, e, em muitos casos, quando se fantasia de champanha ou de uísque, chega a ser convidado de honra, consagrando eventos sociais. Escorrega na goela de ministros com a mesma sem-cerimônia com que desliza na garganta dos malandros encarapitados na rua. Endoidece artistas notáveis, desfibra o caráter de abnegados pais de família, favorece doenças e engrossa a estatística dos manicômios; no entanto, diga isso num banquete de luxo e tudo indica que você, a conselho dos amigos mais generosos, será conduzido ao psiquiatra, se não for parar no hospício.

Ninguém precisa escrever sobre a aguardente, tenha ela o nome de vodca ou de suco de cana, rum ou conhaque, de vez que as crônicas vivas, escritas por ela mesma, estão nos próprios consumidores, largados à bebedeiras, nos crimes que a imprensa recama de sensacionalismo, nos ataques da violência e nos lares destruídos. E se comentaristas de semelhantes demolições devem ser chamados à mesa redonda da opinião pública, é indispensável sejam trazidos à fala as vítimas de espancamento no recinto doméstico, os homens e as mulheres de vida respeitável que viram a loucura aparecer de chofre no horror ante o desvario de tutores inconscientes e, sobretudo, os médicos encanecidos no duro ofício de aliviar os sofrimentos humanos.

Qual! Não acredite que nós, pobres inteligências desencarnadas, possamos grafar com mais vigor os efeitos da calamidade terrível que escorre, de copinho a copinho.

É por isso talvez que as tragédias do alcoolismo são, quase sempre, tratadas a estilete de sarcasmo. E creia você que a ironia vem de longe. Consta do folclore israelita, numa história popular, fartamente anotada em vários países por diversos autores, que Noé, o patriarca, depois do grande dilúvio, rematava aprestos para lançar à terra ainda molhada a primeira vinha, quando lhe apareceu o Espírito das Trevas, perguntando, insolente:

– Que desejas levantar, agora?

– Uma vinha – respondeu o ancião, sereno.

O sinistro visitante indagou quanto aos frutos esperados da plantação.

– Sim –esclareceu o bondoso velho–, serão frutos doces e capitosos. As criaturas poderão deliciar-se com eles, em qualquer tempo, depois de colhidos. Além disso, fornecerão milagroso caldo que se transformará facilmente em vinho, saboroso elixir capaz de adormecê-las em suaves delírios de felicidade e repouso...

– Exijo sociedade nessa lavoura! – gritou Satanás, arrogante.

Noé, submisso, concordou sem restrições e o Gênio do Mal encarregou-se de regar a terra e adubá-la, para o justo cultivo. Logo após, com a intenção de exaltar a crueldade, o parceiro maligno retirou quatro animais da arca enorme e passou a fazer a adubação e a rega com a saliva do bode, com o sangue do leão, com a gordura do porco e com o excremento do macaco.

À vista disso, quantos se entregam ao vício da embriaguez apresentam os trejeitos e os berros sádicos do bode ou a agressividade do leão, quando não caem na estupidez do porco ou na momice dos macacos.

Esta é a lenda; entretanto, nós, meu amigo, integrados no conhecimento da reencarnação, estamos cientes de que o álcool, intoxicando temporariamente o corpo espiritual, arroja a mente humana em primitivos estados vibratórios, detendo-a, de maneira anormal, na condição de qualquer bicho.

O Trevo nº 322 - pág. 8 - Abril/2001

Bom Conselho

Edgard Armond

O esforço para eliminar nossos vícios mais comuns pode comparar-se ao de galgar meia dúzia de degraus de uma escada vertical.

Mas, para nos livrarmos de um só que seja dos defeitos morais que por ventura possuamos como, por exemplo, o egoísmo ou o orgulho, o esforço é comparável ao de galgar dessa escada centenas de degraus, sendo-se aleijado de uma perna; e fazer a escalada todos os dias.

Pois há defeitos que atravessam a vida toda e se projetam nas vidas futuras, causando-nos males incalculáveis.

As Escolas de Aprendizes do Evangelho foram criadas justamente para ajudar a eliminar essas imperfeições da alma; e a decisão de se inscrever nelas é o passo mais acertado e decisivo que se pode dar para apressar nossa evolução.

O Trevo - nº 4 - pág. 4 - Março-Abril/1974

Esclarecendo (Vícios)

Edgard Armond

P - Decidi entrar para a Escola do Evangelho e um amigo emprestou-me o 1º volume do ensino, mas não vi nada da Codificação de Kardec e há também exigências de eliminação de vícios como o fumo. Por que tanto? É obrigatório isso?

R - Essa Escola não foi criada para estudo da Doutrina Espírita, que é feito em cursos apropriados, fora dela, ou em leituras particulares; mas sim para auxiliar os aprendizes a realizarem sua reforma interna sendo, por isso, obrigatória a vivência do Evangelho de Jesus e não somente seu conhecimento teórico.

Não há obrigação alguma dos espíritas entrarem para essa Escola a não ser aqueles que desejam aperfeiçoar e apressar sua evolução, dando neste mundo testemunho e exemplificação do que o Evangelho exige. Esta é a razão por que precisam eliminar os vícios, pois, se não o fizerem, não terão força moral para essa testemunhação.

A matéria que consta da parte de conhecimentos teóricos que estão publicados na série de livros da qual o confrade examinou o nº 1, visa dar conhecimento da tradição religiosa do mundo, conhecimento da natureza, da origem e do fim do Espírito encarnado, tudo aquilo que se refere ao aprendiz como Espírito encarnado e aos seus semelhantes, encarnados na Terra desde os tempos chamados pré-históricos até hoje.

Quem não deseja fazer sua purificação espiritual pela reforma íntima e dedicar-se ao serviço do próximo não se matricula ali e pode agir por si mesmo, fora dela, escolhendo os setores da Doutrina (filosófica ou científica) que mais lhe agrada. Mas é bom saber que sem evangelização o progresso espiritual não se efetiva, porque ela é que assegura a redenção humana.

O Trevo - nº 8 - pág. 2 - Outubro/1974

Esclarecendo (Rigor)

Edgard Armond

P – Aconselhada por uma amiga, fiz o curso da Escola de Evangelho com muito boa vontade, não perdi aula, mas não terminei, porque as exigências eram demais e meu marido também desistiu de frequentar, quando viu que eu desisti. Por que não abrandam mais, para a gente frequentar melhor?

R – O rigor da Escola é a garantia do aproveitamento do aprendizado, e a facilitação para aumentar o número de aprovados é medida contrária e oposta à própria finalidade da Escola, que é **preparar trabalhadores evangelizados para o serviço do Divino Mestre na Terra.**

Quem não efetua os esforços da reforma íntima não tem qualidade para o trabalho em vista, pois que a investidura de discípulo obriga o aprendiz a viver mais para os semelhantes que para si mesmo.

Medite melhor e tente de novo.

O Trevo - nº 15 - pág.1 - Maio/1975

Encontro com as Origens

Gitânio Fortes

Um encontro com as origens da Escola de Aprendizes do Evangelho. Um transporte de meio século no tempo. Assim pode ser definida a primeira Reciclagem sobre a EAE que a diretoria da Aliança está promovendo este ano nas Regionais. A estreia ocorreu com aproximadamente 50 participantes na tarde de 9 de janeiro no G.E. Reencontro, em Mauá (SP), Regional ABC.

Na apresentação da reciclagem o companheiro Eduardo comentou a respeito do crescimento da Aliança e da necessidade de os participantes do movimento sempre se manterem ligados às raízes da Escola de Aprendizes do Evangelho e suas finalidades originais. Nesse objetivo a participação dos companheiros Jacques Conchon e Flávio Focássio enriquece esse propósito. Entre os fundadores da Aliança, tiveram experiência de trabalho direto com o Comandante Edgard Armond, estruturador do programa da EAE, por muitos anos.

"Com a Aliança se expandindo, é preciso envidar esforços para manter fidelidade às origens, aos princípios, sem perder de vista o ideal", afirmou Jacques. A reciclagem começou com uma dinâmica... Em seguida se passou à exposição do companheiro Jacques.

(...)

Nas passagens para a FDJ não foram poucas as oportunidades em que as Cadernetas Pessoais de alunos de Centros distantes de São Paulo foram remetidas para análise e um grupo de voluntários se encaminhava até lá para os exames e os procedimentos de ingresso.

Culto interior

Os assuntos verificados junto ao Plano Espiritual: Reforma Íntima, serviço (trabalho e dedicação) e conhecimento doutrinário.

Embora ninguém possa se dizer 'doutor em Espiritismo' por haver lido as obras de Allan Kardec na Codificação, os romances históricos de Emmanuel e a série de André Luiz, sem dúvida estas obras ampliam a lucidez e preparam as pessoas, pelo fortalecimento da fé, a compreender seus compromissos nesta existência.

O 'Espírita' no nome da Aliança Espírita Evangélica designa justamente isto: qual é a referência no campo do conhecimento para se lançar no caminho de redenção espiritual. Principalmente quando houver dúvida, afirmava Armond.

Espiritismo é religião de culto interior. Não há lugar para objetos externos como imagens, pêndulos, florais, tarô, cristais e congêneres. "O estudo de *O Livro dos Espíritos* dentro das EAE é uma das boas coisas que tenho encontrado", disse Jacques. Essa noção levou o grupo editorial que revisou o livro *Vivência do Espiritismo Religioso* a incluir no programa da Aliança o estudo sistemático da primeira obra da Codificação antes do período probatório para ingresso na FDJ, informou o companheiro Eduardo.

(...)

Vícios no grau de servidor

A questão dos vícios como restritiva na passagem ao grau de servidor também foi transmitida a Jacques.

"Quem não pode o pouco não pode muito", afirmou, a respeito dos vícios corporais – fumo, consumo de bebidas alcoólicas de forma regular, compulsão ao jogo. Vencidas essas dificuldades, o servidor conta com estímulo também para os mais graves, afirmou.

O companheiro Jaime afirmou que muitas vezes "essa barreira significa um estímulo para que a pessoa pare com esses vícios". O companheiro Eduardo relembrou que o *Guia do Aprendiz* trata desse assunto indicando ser o primeiro ano da Escola como o período mais proveitoso para atuação nesse campo.

Para quem duvida dos malefícios dos vícios corporais à escalada espiritual, Jacques relatou visita realizada há 30 anos ao médium Chico Xavier, em Uberaba (MG). Participaram ainda Joaquim Alves e um grupo de colaboradores da Federação. Na ocasião também estava Arnaldo, marido de Meimei, que abordava a questão do fumo, e do tempo necessário no Umbral para que os perispíritos se refizessem desse vício. Após a transmissão da mensagem, de forma inconsciente, Chico perguntou o que havia ocorrido. Feitos os relatos, o médium relatou sobre o hábito de ficar, minutos a fio, comendo jabuticaba no pé...

O Trevo - nº 308 - págs. 9 - Fevereiro/2000

Esclarecimento

Edgard Armond (Reforma Íntima)

P – Frequentamos sessões espíritas faz muito tempo, eu e minha esposa, mas penso que não estamos aproveitando; não melhoramos em nada e, às vezes, pioramos. Não sei o que falta e pedimos o favor de dar ajuda.

R – Seja Espiritismo ou outra qualquer religião, se não houver no coração do adepto, o desejo íntimo de melhorar, progredir, o ideal de se aperfeiçoar moralmente e o esforço correspondente, ninguém pode evoluir; tudo fica em rotina, desânimo, estagnação. O simples fato de tentar e frequentar trabalhos, públicos ou particulares, não resolve o problema, que depende também de outros fatores, mais positivos.

Frequentem uma casa espírita onde exista uma escola de evangelização bem administrada, com pouca teoria e muitas realizações práticas. O padrão alto desta espécie é a Escola de Aprendizes do Evangelho, que esclarece doutrinariamente, orienta, encaminha, ajuda o adepto a se transformar, **pela reforma íntima** (que é fundamental), em um ser novo, espiritualizado, apto à testemunhação dos ensinamentos de Jesus na vida individual e coletiva.

O Trevo - nº 33 - pág. 2 - Novembro/1976

Opções Meritórias

Item 21 do livro *Na Semeadura II* -
Edgard Armond

O Espiritismo clássico, conhecido no caráter tríplice de doutrina científica, filosófica e de consequências religiosas, para se impor ao meio moderno, deve oferecer tudo e nada pedir, porque o julgamento popular de hoje é muito objetivo e utilitário, e o próprio materialismo o levou a isso.

Mas a casa espírita que endossar os rigores do Evangelho deve pedir aos seus adeptos o máximo de dedicação, porque não visa somente realizações sociais, mas transformações morais individuais indeclináveis. Por isso, o pouco que conseguir de conscientização do povo e realizações espirituais positivas é precioso, e representa o limite do que se pode exigir espiritualmente de uma humanidade retardada como a nossa, mormente quando trabalhada por agentes degenerativos de toda espécie.

Os expurgos violentos que são esperados provarão que não há outro meio de redenção senão a vivência do Evangelho de Jesus.

O esforço das casas espíritas deverá ser nitidamente apostólico e cristão, compreendido e sentido primeiramente por cada um de seus membros em seu próprio íntimo, cada um se apresentando para as responsabilidades do seu posto com espírito de humildade e desprendimento.

Essa opção poderá ser hoje entendida com ressalvas, mas amanhã será glorificada, e dignos de lástima os que a recusaram.

Isto, aliás, é o que usualmente sucede com as tarefas missionárias, individuais ou coletivas.

O Trevo - nº 470 - pág. 4 - Janeiro-Fevereiro/2015

Mal Comparando

Edgard Armond

(...)

...inútil seria estabelecer uma doutrina de acomodações, preconceitos e conveniências próprias de uma religião particular.

E agora surgem perguntas vindas de confrades espíritas, ainda não devidamente penetrados do sentido espiritualizante e redentor do Evangelho, nos seguintes termos:

"P. - Não seria mais natural e conveniente viver como espírita, sem as exigências, que redundam sempre em sacrifícios e renúncias, como constam dos programas da Escola de Aprendizes do Evangelho?"

R. - Claro que seria; mas, neste caso, onde ficaria a evangelização indispensável? E como fazê-la, sem eliminar vícios e defeitos, maus costumes e perversões e outras imperfeições que caracterizam os habitantes deste nosso atormentado planeta de provas e expiações?

Se se prefere a vida despreocupada, livre das contenções do autoaperfeiçoamento, por que filiar-se ao Espiritismo? Ou ignoram que ele veio para orientar e auxiliar os homens nas expiações e nas provas, e que, justamente por isso, representa o Paracleto e o Consolador?

Poderíamos remeter os consulentes às páginas do livro *O Guia do Aprendiz*, onde este assunto está detalhado, mas aproveitamos esta coluna, aberta e livre, deste jornal novo e devotado especialmente à evangelização.

Assim como sucedeu no início histórico do Cristianismo, sucede agora com o Espiritismo: lá efetivou-se a propagação, desprezando-

-se limitações ortodoxas estreitas e violentas; aqui, desprezando-se preconceitos e conveniências pessoais, estabelecem-se sistemas mais objetivos e adequados de efetivar-se a evangelização dos seguidores do Divino Mestre.

Naquela época as exigências eram necessárias para fixar a respeitabilidade do novo ensinamento e implantá-lo no mundo, enquanto que hoje as mesmas exigências são necessárias para sua consolidação pela exemplificação, nos termos, aliás, do próprio Evangelho.

As exigências de Paulo asseguraram, em grande parte, a expansão do Cristianismo nascente, desconhecido e combatido, enquanto as de hoje, com base nessa exemplificação, visam a preservação do próprio Espiritismo, face ao materialismo, à corrupção e os negativismos generalizados e, mais diretamente, à redenção humana pela reforma íntima dos adeptos.

O Trevo - nº 6 - pág. 1 - Junho-Julho/1974

Enquanto é tempo

Edgard Armond

Meditando sobre os horrores por que passam os Espíritos atrasados, empedernidos no erro, após o desencarne, compreendemos a necessidade imperiosa de nos redimirmos pelo Evangelho.

Uns dizem: cremos em Deus e isso basta. Outros afirmam: Jesus não morreu na cruz por nós? Os que crerem n'Ele não serão salvos? E muitos, milhares de outros, estão seguros da suposta salvação, porque seguem ritos e preceitos religiosos. E livros são lidos por milhões; e cultos existem em toda parte oferecendo essa suposta salvação.

E até entre espíritas isso também acontece: pois não seguem os preceitos da Doutrina? Não dão esmolas? Não frequentam sessões e ouvem conferências, frequentemente? E não "queimam as pestanas" na leitura de livros esclarecedores?

Mas a todos convém perguntar: reformaram-se interiormente? Purificaram-se, eliminando vícios, erros e defeitos morais? Transformaram-se no 'homem novo' a que o Evangelho se refere? Não era esta, porventura, a finalidade da reencarnação atual?

Se não fizeram tanto, pergunta-se então: que fizeram até agora de definitivo em seu próprio benefício; no que empregaram seu tempo de forma realmente proveitosa, no sentido da fraternização universal, cada dia mais urgente?

(...)

Jesus advertiu dizendo: "a cada um será dado segundo suas obras" e "o que se semeia é o que se colhe". Tiago, ao depois, também advertiu dizendo: "a fé sem obras é morta".

E todos porventura não sabemos que a justiça de Deus é incorruptível; que não se vende, não se engana; que é a única infalível e realmente justa?

O essencial à solução de todas estas indagações é a reforma íntima, que deve ser feita com todo empenho e rigor enquanto é tempo.

O Trevo - nº 3 - pág. 1 - Fevereiro/1974

Espiritualização

Edgard Armond

O que acima de tudo deve interessar aos homens encarnados é a progressão espiritual, pois que esta é a única finalidade da vida dos seres em todos os escalões e em todos os mundos. A espiritualização, portanto, representa o próprio motivo da existência; e o melhor meio de consegui-la é enriquecer a mente e dedicar-se ao Evangelho, estudá-lo, compreendê-lo, interpretá-lo com exatidão e, em consequência, vivê-lo e testemunhá-lo em todas as circunstâncias e ocasiões.

Isto não é fácil, mas esta é a luta inevitável, que depende, em grande parte, de decisão, fé, vontade firme e perseverança constante.

Espiritualização é a exteriorização, é o 'vir à tona' da centelha, isto é, do Eu interno, no esforço de sintonizar-se à vibração universal divina, que é harmonia, luz e amor; é sobrepor-se o homem ao mundo material purificando-se para conquistar o direito de viver em mundos mais perfeitos.

Permanecendo na vibração baixa, inferior, própria do mundo da matéria densa, o homem viverá como escravo desta, pelo instinto ou pelo intelecto, não importa, mas sempre com o Espírito submerso. Entre os dois extremos haverá, naturalmente, uma escala de progressividade, na qual se situarão todos os seres, do inseto ao homem civilizado.

À medida que se espiritualiza, o ser humano demonstra mudanças visíveis dentro e fora de si mesmo. O homem atual atingiu um ponto na evolução cósmica do planeta em que qualquer esforço de melhoria que demonstre no campo moral, trará resultados rápidos e positivos, porque o tempo da expectação terminou e agora urge acelerar o esforço de aperfeiçoamento.

É fácil distinguir aquele que se espiritualiza: basta ver para onde vão e como se manifestam na vida comum seus sentimentos, pensamentos e atos, porque, por mais que o intelecto venha em seu auxílio, com artifícios ou subterfúgios, não poderá esconder o que nele predomina, a saber: a densidade do mundo material no corpo físico e o retardamento, ou a lenta exteriorização da centelha, em forma de luz e de amor, no campo moral.

Diz muito claramente o Evangelho: – onde estiver a carniça aí estarão os corvos; isto é, para onde forem os sentimentos e os pensamentos dos homens, aí estarão seus corações e a sua consciência, amadurecida ou embrionária e carente de espiritualidade; e isto os classificará, automaticamente, por si mesmos, nos paralelos norte-sul do mundo dos Espíritos.

Não há alternativas: ou se cevam ainda nas ilusões do mundo material, ao qual se escravizam, ou se desprendem dele e sobem na sintonia dos mundos divinos.

Este é um esforço de milênios, inúmeros dos quais já se passaram sem que o homem atingisse tais alturas; mas o Evangelho sempre oferece ao homem encarnado neste orbe, um poderoso auxílio para a realização imediata da espiritualização, desde que seja compreendido, interpretado e vivido na essência de sua significação e do seu poder redentor.

(Nota abaixo da mensagem: *O esforço de purificação inclui forçosamente o corpo físico porque são incompatíveis Espírito purificado e corpo impuro.*)

O Trevo - nº 2 - pág. 1 Janeiro/1974

O Que é o Ressentimento?

Leda Martins Lazzari

Mesmo com toda a razão ao nosso lado, às vezes somos contrariados em nossos desejos e esperanças mais válidos, ou frustrados nas melhores intenções, após muito trabalho e esforço.

Outras vezes a vaidade nos induz a crer que todos devam se conduzir pelo nosso padrão, o que raramente acontece.

Em qualquer caso, ficamos magoados, "sentidos", o que ainda é natural.

O grau de sensibilidade que temos ou a capacidade para lidar com desapontamentos é o que determina nossa reação.

Ressentimento é a forma mais inútil, prejudicial e tola de reagirmos a qualquer contratempo. Torna-se um hábito: o acontecimento desagradável passa a ser esmiuçado, relembrado, reproduzido e ressentido.

Bem alimentado, o fato permanece vívido, ao dispor do sofredor voluntário, até ser substituído por outra emoção, bem doída, bem amarga.

É como alguém que abre um ferimento todos os dias, para que não cicatrize.

Cultivando essa estranha habilidade de vítima heroica das maldades do mundo, a invigilante criatura se entrega ao ressentimento sem perceber que incorpora à própria personalidade um negativismo que compromete toda sua saúde física e relacionamento humano. Infeliz, gera infelicidade, estabelecendo um triste círculo vicioso.

Ressentimento é um caso sério. Para combatê-lo, só um método mais sério ainda: reforma íntima! Ao invés de 're-sentir' as mágoas, 're-forme' os sentimentos: ame, compreenda, perdoe!

Quem perdoa, esquece. Esquece que houve um motivo para sentimentos, antes que se estabeleça o hábito do ressentimento.

Se ainda for difícil agir assim, vamos conversar com Jesus, a respeito. Ele entende tão bem desse assunto, que do alto da cruz, sem nenhum ressentimento por ter sido magoado, pediu ao Pai o perdão para os homens que não sabem o que fazem.

O Trevo - nº 68 - pág. 6 - Outubro/1979

O TREVO - CORPO FÍSICO

Corpo Templo do Espírito

Huguette Ducasse

Quando entrei para o Centro, o caráter sagrado do meu corpo me era uma noção estranha. Havia ouvido falar na máxima latina "corpo são, Espírito são", mas o seu significado reduzia-se para mim à higiene corporal e a cuidar da saúde.

Aqui no Centro aprendi muita coisa sobre o meu corpo:

a. que era em parte o reflexo, a réplica do meu perispírito;

b. que o meu perispírito, por sua vez, tinha sido trabalhado no Plano Espiritual e preparado para minha encarnação;

c. que uma vez encarnada, tudo que fazia aqui com o meu corpo imprimia-se no meu perispírito e ficava marcado indelevelmente;

d. que todo abuso das funções do corpo físico, que destruía o corpo lenta ou rapidamente, era tido como suicídio pelo Plano Espiritual, e os deslizes deviam ser resgatados futuramente.

Tudo isso eu aprendi. E passei então a considerar o meu corpo com muito mais respeito, como uma imensa dádiva de Deus, que me foi dada para encaminhar-me um pouco mais, para seguir na minha ascensão espiritual.

Mas nem todo mundo sabe disso. E nós mesmos, espíritas, será que respeitamos o nosso corpo como deveríamos?

Nós ficamos maravilhados quando nos deparamos com um bebezinho recém-nascido, todo perfeitinho, todo programadinho para ser um homem ou uma mulher. Pois deveríamos nos deslumbrar também com o nosso corpo físico, observando, estarrecidos, como tudo funciona harmoniosamente: o cérebro, o coração, os nervos, os olhos. E deveríamos amá-lo e tomar conta dele, com o mesmo desvelo com que a mãezinha trata do seu filhinho.

Mas, na realidade, nós não tratamos bem do nosso corpo. Ao contrário, nós o maltratamos. Até parece que nós o odiamos, da maneira como o tratamos. Por que isso? Porque se passa conosco algo de muito estranho: - quando o nosso corpo quer fumar, ou beber ou comer demais, ou entregar-se a outros vícios, na realidade não é ele, corpo físico, que quer isto. Ele, corpo físico, não quer, porque sabe que isto lhe faz mal.

Nosso corpo foi programado pelo Plano Divino, e funciona perfeitamente bem, quando seu funcionamento não é atrapalhado.

Então, quem é que quer? É o nosso eu real, o nosso Espírito imortal, que já vem vindo de milhões de anos para cá e que, ainda muito imperfeito, cheio de defeitos e de vícios trazidos do pretérito, ainda em baixa materialidade, manda, ordena ao corpo, que, coitado, tem que lhe obedecer.

É ele, o nosso Espírito, que manda o corpo fumar aquele 50º cigarro do dia, quando ele, corpo, já com a boca seca, enjoado, com dor de cabeça, grita por todos os seus meios, que está saturado. É ele, o nosso Espírito, que manda beber aquele 5º coquetel, ou 6º uísque, ou 8ª caipirinha, ou 10º copo de cerveja, quando o nosso corpo está sem equilíbrio, o cérebro afogado, a boca pastosa. É ele, o nosso Espírito, que ordena ao corpo comer mais um prato de feijoada, quando o nosso estômago estufado já não quer mais nem sequer um grão de arroz. É sempre o nosso Espírito imortal que leva o mal ao nosso pobre corpo. Não é o inverso. Não é o corpo que quer. É o Espírito que quer.

O corpo, ele, quer é o equilíbrio em tudo. Higiene, alimentos, trabalho, repouso, distração nas doses certas. Nada de exageros. O corpo não precisa de fumaça, não precisa de álcool, ele não precisa de tudo o que o homem, na sua ânsia de gozos materiais, lhe impõe, e sobrecarrega. Pois tudo isto é supérfluo. E todo o supérfluo é sempre a mando do Espírito.

Concluindo: respeitar o seu corpo, portanto, é, em primeiro lugar, educar o Espírito com os ensinamentos de Jesus que temos aqui no Centro; e, em segundo lugar, com a disciplina da reforma íntima. Devemos nos lembrar sempre de que o nosso corpo, dádiva divina, é o templo do nosso Espírito, mas que quem manda nesse templo somos nós.

O Trevo - nº 139 - pág. 6 - Setembro/1985

Corpo Físico

Emmanuel - cap. 4 - No Portal da Luz

Alguns daqueles que abordam a luz renovadora dos princípios espíritas, deslumbram-se diante das perspectivas do Universo, enternecem-se com as revelações da imortalidade, capacitam-se da grandeza da vida e, quase sem perceber, se alheiam do corpo físico que lhes serve de bendito instrumento ao desempenho de valiosos encargos na estância terrestre.

Há mesmo quem chegue a desprezá-lo, no pressuposto de que semelhante comportamento lhes abrevie o trabalho de burilamento moral.

Simples ilusão dos que se ausentam da lógica que orienta os processos da natureza.

Antes que o pão abrilhante a mesa, o trigo que lhe deu forma passou pelo claustro materno da terra benfazeja, a fim de constituir-se.

No mesmo sentido, que adiantaria ao aluno de letras primárias frequentar a universidade, claramente sem bases para assimilar as lições dos cursos superiores?

A cela física, na escola do Planeta, é a carteira de estudo ou o cubículo de retificação que nos patrocina o progresso. Abençoá-la, conservá-la, auxiliá-la e preservá-la, através de hábitos baseados em equilíbrio e retidão, nos quais os recursos da existência sejam usados sem excessos, é simples dever.

Geralmente, muitos de nós somente nos apercebemos da preciosidade de uma bênção depois que essa mesma bênção nos escapa das mãos.

É assim que, muito comumente, apenas quando caímos na enfermidade irreversível ou após ultrapassar as fronteiras da desencarnação é que atribuímos ao corpo físico a importância de que ele se reveste.

Não esperes o sofrimento para bendizer a felicidade perdida.

Trabalha, realiza, procura o bem e aperfeiçoa-te agora.

É pelo corpo físico que entesouramos experiências de subido valor para a eternidade.

Ampara teu corpo para que teu corpo te ampare. Se robusto, não lhe dissipes em vão as energias e agradece-lhe o equilíbrio de que desfrutas. Se doente ou mutilado, defeituoso ou inibido, agradece-lhe o ensejo de reajuste.

Teu corpo é o livro em que aprendes na escola da vida. Não lhe fujas ao apoio do trabalho, nem à luz da lição.

O Trevo - nº 132 - pág. 6 - Fevereiro/1985

O TREVO - ESTUDO

Espírita, Estude!

Thirzah

Nos dias em que vivemos, rara é a pessoa que não tem um caso de mediunismo na família, ou que ainda não recorreu a um Centro Espírita em busca de uma cura ou tentando restabelecer a paz e o equilíbrio íntimos, perdidos nos embates da vida. Rara, portanto, é a criatura que desconhece o Espiritismo. Mas isto não é ser espírita; nem os espíritas fazem trabalhos de proselitismo, pela simples razão de que sabemos que só é espírita quem o pode ser. Como não podemos julgar a maturidade espiritual de ninguém lançamos as sementes do Evangelho nos corações e deixamos que cada um busque o seu caminho.

No entanto, aqueles que vêm em busca de consolo e o encontram, não querem mais se afastar dos Centros Espíritas e terminam, quase sempre, adotando o Espiritismo. É comum, então, ouvirmos: "Sou católico-espírita". "Sou espírita mas vou à missa todos os domingos". "Sou espírita; frequento uma sessão de mesa-branca". "Sou espírita mas fiz uma promessa e vou a Aparecida do Norte para pagá-la". E por aí vai!...

Tudo isto representa um contra senso e demonstra ignorância apenas. Quem assim procede desconhece a Doutrina Espírita.

As portas dos nossos Centros têm que estar abertas para todos; temos que dar consolo e amor, transmitir equilíbrio e paz. Mas, àqueles que querem seguir o Espiritismo, temos que dar muito mais. Para esses é imperioso o conhecimento, através do estudo. Aquele que se intitula espírita, precisa conhecer a doutrina que abraça e livrar-se das falsas concepções, do fanatismo, da superstição; precisa abrir sua mente através do estudo e da meditação para um entendimento cada vez mais amplo, da criação, da vida, da evolução, do Espírito, das leis de Deus, do Evangelho, do Cristo, de Deus enfim.

Isto tudo só o estudo metódico, perseverante, nos poderá dar. Estudar não é apenas ler. É muito mais; é ler e reler muitas vezes as mesmas coisas e depois meditar em silêncio sobre as mesmas.

Esta deve ser uma preocupação constante do espírita.

Para valorizarmos o que aprendemos, precisamos exemplificar. Passaremos, então, a aplicar na nossa vivência o que aprendemos com o estudo e a meditação. Começaremos a analisar os nossos pensamentos, palavras e obras, comparando-os com o que já sabemos ser o certo e iremos, com esforço e perseverança, nos enquadrando nas leis divinas.

À medida que avançamos nestas conquistas, iremos entendendo melhor a Doutrina Espírita e novos horizontes abrir-se-ão, mostrando-nos sempre quão pouco ainda sabemos e como é importante saber mais para viver melhor.

A hora atual é dos espíritas; mas dos espíritas conscientes, livres de preconceitos, de mente aberta pelo estudo, meditação e exemplificação das leis de amor e trabalho! Não podemos falhar! O mundo nos espera qual imenso hospital, repleto de doentes de toda espécie. E qual o enfermeiro que pode ser útil sem ter se preparado para sua tarefa?

Preparemo-nos, pois, como enfermeiros do Divino Médico, para servi-lo na hora atribulada que a Humanidade atravessa, e, como novos Florence Nightingale, com nossas lanternas acesas com o conhecimento adquirido no estudo, saiamos na noite da ignorância, socorrendo e amparando em nome do Mestre do Amor e da Paz.

O Trevo - nº 3 - pág. 4 - Fevereiro/1974

Centro-Escola

extraído do "*Correio Fraterno do ABC*"- Deolindo Amorim

(...)

Lá fora, nos cursos de conhecimentos humanos, aprendemos o que é necessário ao ganha-pão material e ao enriquecimento intelectual, mas como esses conhecimentos não constituem, para nós, os únicos valores da vida, sentimos necessidade, a cada passo, de procurar outra escola, que é, no caso o Centro Espírita, onde nos ensinam questões que nunca poderiam fazer parte de currículos profissionais.

Muita gente, entretanto, ainda vê o Centro Espírita por um prisma bastante limitado, como se o Centro fosse apenas um ponto de curiosidade, e nada mais. É uma distorção decorrente da falsa ideia que ainda se faz do Centro Espírita. E há Centros, lamentavelmente, que concorrem para essa deformação, porque alimentam a curiosidade vulgar, fazem dos médiuns o único motivo de interesse e pouco ou quase nenhum estímulo dão às explanações doutrinárias. Enfim, o médium é tudo no Centro, a sessão mediúnica tem primazia e quase não se cogita do conhecimento doutrinário.

Ora, as pessoas que frequentam reuniões desse tipo, e se não conhecem outros ambientes, ficam habituadas à curiosidade rotineira, durante anos a fio, e não podem compreender o Centro como escola.

Mas a tese continua a ser válida, apesar das falhas ainda notadas: o Centro Espírita é uma escola. O que se ensina ou deve ser ensinado, nos Centros Espíritas é precisamente aquilo que orienta o ser humano em todas as circunstâncias: a filosofia da vida, fundamentada na existência de Deus e nas leis de progresso, justiça e responsabilidade. É o Evangelho sem dogmas, mas o Evangelho esclarecido à luz da razão e das afirmações cotidianas.

Mais do que as receitas, que muitos pedem; mais do que o passe que é salutar; mais do que o conselho dos guias, conselho que consola e ampara, mais do que tantos e tantos benefícios, o Centro Espírita é uma escola onde se aprende a curar as feridas da alma pelo conhecimento e pelo exercício constante da reforma íntima.

O Trevo - nº 82 - pág. 1 - Dezembro/1980

Médiuns e Médiuns

Grupo Fraternidade Cristã

Através do contato com muitos irmãos que adentram o Centro Espírita, encontramos aqueles que têm uma enorme barreira a vencer, que é a aceitação do estudo da Doutrina Espírita.

Creem que a fé e a mediunidade são os únicos veículos para serem bons médiuns.

Isso será uma realidade quando o médium for evangelizado.

Ser médium apenas movido pela fé, cremos é correr riscos, pois vivemos em um mundo conflitante, onde os nossos passos tropeçam em dificuldades várias.

Como podemos então crer cegamente na mediunidade?

Agora, se usarmos da fé (ato maravilhoso) e do conhecimento (alavanca para a evolução) aí sim, a soma desses dois aspectos conduzirá o homem a uma correta aplicação de sua mediunidade.

Por que então negar o estudo? Sabemos que em tudo há uma escala progressiva de acontecimentos.

O Plano Superior afere os médiuns para usá-los em vários serviços. Atestado o grau de sensibilidade, atestado o esforço em se vencer, terá o Plano Superior uma joia rara, para um trabalho em larga escala na seara de Jesus.

Tornar-se-á o médium uma pedra lapidada onde poderá se refletir a luz divina.

Não estamos esquecendo que o Plano Superior serve-se de irmãos que, por condições a eles pouco favoráveis, são analfabetos, mas que poderão possuir um coração voltado para o bem. Esses irmãos são amparados e sustentados em seus trabalhos.

Creem alguns médiuns que com o estudo perderiam a naturalidade; pelo contrário, tornar-se-iam mais maleáveis para os Espíritos superiores, possibilitando assim grandes trabalhos.

O médium que já tomou conhecimento de que a mediunidade deve ser alicerçada no estudo e na conduta cristã e não o faz, está sem dúvida perdendo uma das maiores oportunidades em sua vida.

O saber é maravilhoso! Dilata nossa sensibilidade e nos faz sentir mais integrados ao Pai; a fé também nos leva ao Pai, mas é uma trajetória, podemos dizer inconsciente. Mas a Fé aliada ao conhecimento faz com que sintamos os horizontes mais próximos, envolvendo-nos conscientemente em Deus.

O conhecimento é uma dádiva possibilitada por Deus; sejamos humildes, comecemos nossa reforma interior, aceitando os bancos escolares que o Espiritismo nos oferta.

O ideal dos Centros integrados à Aliança Espírita Evangélica é justamente esse, oferecendo a todos aqueles que o quiserem, condições maiores dos que já possuem.

E atestamos, através de experiências vividas, que mediunidade instruída é mediunidade canalizada para o bem, e que o maior beneficiado é o próprio médium.

Os cursos que visam ao esclarecimento e à Reforma íntima são os seguintes: Curso Básico de Espiritismo, Escola de Aprendizes do Evangelho e Escola de Médiuns, incluindo Curso de Passes e Cromoterapia.

O Trevo - nº 100 - pág. 4 - Junho/1982

O TREVO - DISCIPLINA

A Disciplina

O Mundo que Encontrei - Luiz Sergio -
psicografia de Alayde A. e Silva

"A vida no plano espiritual não é um mar de rosas. Temos sérios embates, nos quais muitas vezes necessitamos usar uma relativa energia para podermos ajudar. Nossos mentores são enérgicos e cônscios de seus deveres. Aqui não há lugar para desmandos. Quem ainda não consegue ter força suficiente ou compreensão para manter-se dentro das normas estabelecidas, imediatamente é convidado a procurar outro grupo onde o aprendizado é suave. Como exigem disciplina! Não há, de forma alguma, recalcitrantes. Estes vão para outras colônias onde têm, de vez em quando, oportunidade de desobrigar-se das funções por vontade própria, porque o trabalho que exercem não exige atenção constante e pode ser abandonado sem prejuízo para outrem. Quanto mais aprendemos e executamos trabalho de maior alcance, mais conscientes temos de ser em nossa responsabilidade e de modo algum podemos ausentar-nos sem licença prévia. Seria bom que todos se fossem habituando e disciplinando, se desejam progredir espiritualmente".

O Trevo - nº 130 - pág. 4 - Dezembro/1984

Indisciplina

Mayr da Cunha

Constantemente somos lembrados por nossos amigos espirituais de como a disciplina é importante para o sucesso de qualquer obra.

Realmente, não poderia ser de outra forma, posto que, por sermos indisciplinados, alimentamos muitas vezes a discórdia com as pessoas que convivemos.

O ser humano não gosta de viver preso a regras, pois estas objetivam a coletividade, da qual fazemos parte integrante. Gostamos de obedecer, desde que sejamos atendidos nos nossos propósitos, mas quando é preciso abdicar a favor de alguma coisa, aí então nos sentimos tocados no nosso calcanhar de Aquiles.

Dessa forma, demonstramos o quanto somos orgulhosos e vaidosos, e numa análise superficial, podemos afirmar que todo o esforço que despendemos para realizar a reforma interior, ainda não alcançou o objetivo.

E isto acontece diariamente nas casas espíritas. Aqui é um companheiro que não concorda com o horário estabelecido, ali um outro que não concorda com o trabalho que desempenha, acolá é um trabalhador antigo que quer privilégio, etc., etc.

Se fôssemos enumerar os atos de indisciplina praticados, ostensivamente ou às escondidas, iríamos ver quanto é necessário a existência de regras para levar avante o trabalho de uma casa espírita, nas suas múltiplas variedades, embora não estejamos proibidos de participar com sugestões profícuas.

Lembremos de que onde há indisciplina, fatalmente existirá a insatisfação e como consequência, o caos, o que não pode ser admitido numa casa espírita que vivencie os ensinamentos do nosso Mestre Jesus.

O Trevo - nº 139 - pág. 4 - Setembro/1985

O que é disciplina?

Osmar Soares de Oliveira

Se a definirmos como sendo apenas o uso metódico do tempo, poderemos concordar com Renato Kehl, que em seu livro *A Cura do Espírito* nos afirma: "A falta de tempo é a desculpa de quem perde tempo por falta de método". Mas disciplina é uma palavra de significado muito mais amplo. "Para alguns principiantes nas hostes da disciplina ela poderá parecer uma acompanhante rigorosa, que tolhe iniciativas, castra desejos, dá ordens", como nos diz Luiz Gonzaga Pinheiro (*Vinte Temas Espíritas Empolgantes*).

A nós cabe usar a disciplina na prática do bem, pois ela não significa sujeição, mas compreensão de deveres. "A disciplina é consequência da responsabilidade. Assim, ela é confortável", disse-nos a companheira Linde em uma de suas aulas do Curso de Médiuns.

Disciplina equivale à harmonia de interesses e, "quando se resolve ser espírita, tem-se invariavelmente um encontro marcado com ela". É preciso sair da rotina do comodismo e aparar arestas desnecessárias para não falhar na busca a Deus pelos caminhos da disciplina: ter força e determinação para mudar um hábito pernicioso, contrariar uma vontade, mudar um roteiro ou trocar uma prioridade.

A disciplina é uma virtude divina. Todos os Espíritos Superiores dela fazem uso para evoluir. Quem ama a si não a despreza. E não nos bastam o silêncio e a pontualidade, pois ela nos indica cumprir com competência e responsabilidade o compromisso assumido. A renúncia é companheira da disciplina e a Casa Espírita, a sua morada, onde atua com a caridade e sob a orientação do bom senso.

Na mensagem luminosa de Jesus, cumpre-nos memorizar a 'porta estreita', 'o negar-se a si mesmo', até chegar ao 'vigiar e orar', com humildade, confiança, fé, desprendimento, com amor e responsabilidade. Mais que ser definida, disciplina é para ser praticada.

O Trevo nº 303 - pág. 11 - Setembro/1999

Você é Indisciplinado?

Valentim Lorenzetti

Nossa tendência, se não formos vigilantes, inclina-se sempre pelo campo da indisciplina.

Algumas manifestações de indisciplina, que, com facilidade, identificamos:

1. Deixamos de ler e estudar obras para aprofundamento do conhecimento doutrinário.

2. Não participamos de reuniões de reciclagem e/ou confraternização programadas pelo centro.

3. Deixamos de nos preocupar com o horário do trabalho e chegamos muitas vezes atrasados.

4. Consideramos que o importante é trabalhar e não levamos a sério o tempo dedicado à preparação do ambiente e à prece de abertura.

5. Gostamos apenas de ensinar (falar) e não de aprender (ouvir).

6. Centralizamo-nos tão somente no 'nosso' trabalho e ignoramos as necessidades dos demais trabalhos e da própria casa que nos oferece a oportunidade de servir.

7. Deixamos de nos preocupar com nossa reforma intima.

8. Procuramos transgredir algumas normas da casa espírita porque achamos que o livre arbítrio a tal nos permite.

9. Na hora do testemunho nos imobilizamos à espera do testemunho do outro.

10. Fazemos o Evangelho no Lar com irregularidade.

Normalmente não praticamos apenas uma dessas indisciplinas. Quando incorremos numa delas, facilmente resvalamos para tantas outras devido às brechas abertas por um gesto deliberado de indisciplina.

O mais grave da indisciplina é que geralmente não prejudica apenas a quem a comete. Daí a séria responsabilidade que assume o homem indisciplinado.

O Trevo - nº 194 - pág. 8 - Abril/1990

O TREVO - SEMINÁRIOS

Seminário

Regional Sorocaba -

Maria Ignez M. do Nascimento

Foi realizado no N.E.E. Ismael o 4º Seminário da Aliança Espírita Evangélica de 1997 promovido pela regional Sorocaba. O tema: Mediunidade. Houve 28 participantes, sendo 23 de Sorocaba, 3 de Araçoiaba da Serra, 1 de Salto de Pirapora (SP) e 1 de Brusque (SC).

Mediunidade como ferramenta: é preciso trabalhar Reforma Íntima para o médium ser de mais utilidade ao Plano Espiritual. São necessárias fidelidade, responsabilidade e muita seriedade, com Reforma Íntima, conhecimento e trabalho. O preparo do médium deve ser constante porque Mediunidade é Amor, é servir a Jesus.

Não é bom médium só aquele que manifesta vidência ou psicofonia, por exemplo, mas também, e principalmente, aquele que se preocupa em aprimorar os sentimentos, contribuir com o que tem de melhor, servindo, confiando e abrindo o coração, sendo um doador.

O médium é um canal aberto para o Plano Espiritual e por isso precisa ter muita disciplina consigo mesmo na Reforma Íntima. Sem vaidade, orando e vigiando, para não se obsidiar, sempre se dispondo para o trabalho, não permitindo que o melindre o afaste da seara do bem.

O Trevo - nº 280 - pág. 5 - Outubro/1997

Quatro pontos

Vale do Paraíba

O Seminário sobre Mediunidade da Regional Vale do Paraíba realizado em 26 de julho passado na AME girou em torno destes quatro assuntos.

Responsabilidades – Ficou claro que é preciso avançar. Para trabalhar somente com os que encaram o trabalho mediúnico com responsabilidade, é preciso se contentar com um número reduzido de colaboradores.

Disciplina – O quadro não fica diferente do item responsabilidades. Quando não é grande o número de pessoas que atentam para a disciplina, os trabalhos têm rendimentos menores que o considerado desejável.

Estudos – O estudo foi lembrado, a todo momento, como aspecto primordial para qualquer trabalho ou atividade. Principalmente em se tratando de trabalhos mediúnicos. A maioria das dificuldades em qualquer atividade espírita seria solucionada com facilidade por trabalhadores estudiosos. Muitas vezes nem chegariam a surgir.

Boa Vontade – Foi observado também que os trabalhadores de boa vontade geralmente são aqueles que estão sempre estudando, se reciclando. São responsáveis, cuidando da própria disciplina.

Como a Doutrina Espírita tem a finalidade de esclarecer o indivíduo, cabe a quem já se conscientizou desses quatro aspectos exemplificar, para que outros se conscientizem. O Espiritismo se fortalecerá cada vez mais, para cumprir seu papel de doutrina redentora.

O Trevo - nº 291 - pág. 7 - Setembro/1998

Seminário - Mediunidade

Extremo Sul

A seguir, conclusões do Seminário realizado na Regional Extremo Sul em 25 de julho passado.

A Mediunidade corresponde a bendito instrumento para a felicidade e para a redenção, e não motivo de sofrimento e aflição.

Cabe ao médium o serviço desinteressado, dando de graça o que de graça recebe.

É dever do médium prestar socorro aos companheiros com bonomia e discrição.

É importante orar e vigiar sempre, além de manter estudos sistemáticos, individual e em grupo, em especial de *O Livro dos Médiuns*. Há necessidade da Reforma Íntima, para combater os melindres, exercitando a humildade e o aperfeiçoamento através de estudos e reciclagens.

O médium deve cuidar de seus próprios pensamentos para não se tornar obsessor de si mesmo.

Necessidade de disciplina.

O Trevo - nº 292 - pág. 4 - Outubro/1998

Seminários - Mediunidade

Oldemar de Souza Fernandes

A Regional Nordeste realizou em 26 de julho passado, domingo, conforme programação definida no final do ano passado os Seminários sobre "Liderança no Movimento Espírita" e "Mediunidade". A reunião ocorreu no Centro de Estudos Espíritas Nova Era (CEENE), em Feira de Santana (BA). A seguir, os principais pontos.

Mediunidade

Conviver com a Mediunidade fora da Casa Espírita é tarefa que requer atenção; sem trabalho de Reforma Íntima é tarefa delicada.

A Mediunidade bem disciplinada, e com esforço geral de modificação interior, vai se transformando em tarefa muito agradável.

Médium sem esforço de Reforma Interior é imã atraindo energias negativas.

Assim como na oratória, a Mediunidade é uma perigosa forma de desenvolvimento do 'estrelismo' numa Casa Espírita, quando encontramos trabalhadores invigilantes. São aqueles que, tratados por assistidos e demais trabalhadores como centro das atenções, se sentem os mais importantes.

Mediunidade, com estudo e Reforma Íntima bem aplicados, transforma fenômenos rudimentares de comunicação com o Além, em processo sublime de acesso dos encarnados às maravilhas do Mundo Maior.

O Trevo - nº 292 - pág. 5 - Outubro/1998

Reunião no Vale do Paraíba

Foi realizada, na Fraternidade Irmão Rafael, reunião sobre Mediunidade para dirigentes de Cursos de Médiuns e de trabalhos mediúnicos na tarde de 23 de agosto passado. A seguir, algumas conclusões.

1. É comum ouvir dizer que, no dia de trabalho, o médium deve se cuidar especialmente, se preparar, se vigiar etc. Ficou bem claro que esses cuidados têm de ser tomados sempre. Não é só no dia do trabalho que o médium deve ficar atento.

2. Se o médium não se evangelizar, se não buscar a Reforma Íntima, se não se transformar por dentro, se não procurar se despojar de vícios e defeitos, nunca realizará bem sua tarefa.

3. A Mediunidade é mais ampla que uma sessão de incorporação. O médium consciente está sempre sentindo a necessidade de trabalhar, de fazer algo de útil.

O Trevo, nº 292 - pág. 6 - Outubro/1998

Seminário Sobre Mediunidade

Realizado em 25 de julho
na *Fraternidade Irmão Rodolfo*

"A mediunidade não desenvolve unicamente à hora do trabalho: está sempre presente para ser utilizada e as responsabilidades das tarefas obrigam o médium a estar sempre em comunhão com o messianismo do Cristo, exemplificando sacrifício e renúncia." Ramatis (citado por Edgard Armond no cap. 11 do livro *Mediunidade*)

Desta vez o seminário foi voltado mais para o lado social da mediunidade. Assumir trabalho útil à comunidade fora do Centro Espírita também é uma das formas de se colocar a serviço do intercâmbio com a espiritualidade. As ideias e as inspirações para realizá-lo são uma forma de contato com o Plano Espiritual.

Quando se faz um trabalho visando o próximo, espiritualmente o sentimento deve ser de felicidade. Por isso, automaticamente, se está confraternizando com Espíritos bons, imbuídos de sentimento fraternal, que se sentem satisfeitos com o trabalho realizado. Se há esse intercâmbio, ainda que conscientemente não perceptível, há uma forma de prática mediúnica.

Cada colaborador, no campo social ou profissional, se torna um médium. Estando de boa vontade, é inspirado por bons Espíritos a fazer o melhor. Cada um de nós pode estar a serviço da mediunidade onde quer que esteja.

O Trevo nº 303 - pág. 20 - Setembro/1999

Mediunidade (RGA/97)

Este módulo organizado pela Regional Piracicaba também levou textos úteis para reflexão dos participantes. Num deles, havia observações de um seminário sobre o assunto, que ressaltava a necessidade da Reforma Íntima. "Se o médium não tem trabalhado na sua Reforma Íntima, o Plano Espiritual não prossegue apoiando, por absoluta falta de condições."

O Comandante Armond conduziu durante anos um grupo mediúnico respeitado pela eficiência e seriedade de sua atuação. Ao conduzir os trabalhos, Armond estabeleceu algumas regras preciosas para a obtenção de melhores resultados:

1. FALAR O MÍNIMO POSSÍVEL.
2. CONFIRMAR NÃO É REPETIR.
3. COMPLEMENTAR PODE; SOBREPOR-SE NÃO.
4. POSSO FALAR?

Sobre a primeira regra: é a regra básica, da qual derivam as outras. Por exemplo, numa descrição de vidência, o médium poderia dizer: "Encontra-se presente o Espírito que orientará os trabalhos; é um hindu, identificado pela indumentária". Com breves palavras foi dito o que é importante, enquanto há muitos que despendem o tempo em longas descrições dos detalhes da vestimenta, do posicionamento das entidades, das projeções coloridas etc., esquecendo-se que o tempo da comunicação entre os dois planos é escasso e precioso.

Sobre a segunda regra; decorrência natural da primeira. A confirmação é importante método de verificação, mas não se pode consumir o tempo com repetições. Para o médium corroborar a manifestação de outros bastará dizer "confirmo". Repetições são inúteis, constituindo pura perda de tempo.

A terceira regra é extensão da segunda. Pode o médium falar a título de complementação. Por exemplo, para complementar a declaração referente ao orientador hindu, poderia um segundo médium dizer: "Confirmo. Identifico também a presença de dois representantes da Fraternidade dos Cruzados". Entretanto, é comum uma sobreposição: "Vejo esse hindu à esquerda do dirigente. Você não disse, mas percebo que ele usa um bracelete dourado e uma túnica azul com borlas brancas etc., etc." Tudo desnecessário. Se não há nada de importante ou significativo para complementar, então deve manter-se calado e dar oportunidade para outro médium se manifestar.

A última regra é questão de boa educação. Pedir permissão para falar é manter a ordem e impedir a confusão causada por duas pessoas falando simultaneamente. O 'posso falar?' ou 'com licença' tem sido muito esquecido. Após esse pedido, aguardar a permissão do dirigente dos trabalhos. Dessas regras depreende-se que o meio de comunicação com o Plano Espiritual e o tempo são recursos caros, que não podem ser malbaratados.

O Trevo - nº 283 - pág. 6 - Janeiro/1998

O TREVO - ASSISTÊNCIA ESPIRITUAL

A Medicina que o Homem esqueceu

Centro Espírita Irmão Alfredo

A milenar cultura oriental traz até os nossos dias grandes conhecimentos para a cura do corpo físico e suas técnicas de tratamento. Já a ciência médica ocidental teve seu grande desenvolvimento nestes dois últimos séculos.

Um indivíduo doente ao procurar sua cura, tinha como orientação dos curandeiros de três milênios atrás: regimes alimentares, alimentação baseada em vegetais, Yoga, chás, ervas medicinais e outros meios que pudessem agir no organismo enfermo.

Muitas vezes, tais tratamentos não produziam a cura do indivíduo; sendo assim ele era conduzido a um técnico de medicina, que além dos tratamentos orientados pelo curandeiro, conhecia também a técnica da acupuntura, do "do-in", do moxabustão, e outras técnicas que procuram tratar do corpo como um todo, através do equilíbrio dos centros de força, produzindo a ativação de determinados órgãos e consequentemente a sedação de outros, visando dessa forma o equilíbrio de energia do corpo.

Esses tratamentos já conseguiam na maioria dos casos efeitos curadores; caso isso ainda não fosse conseguido, os grandes Mestres da Medicina possuíam um outro conhecimento, além de todos os anteriores.

Faziam no indivíduo um novo tratamento através da aplicação de passes, produzindo um equilíbrio das energias vitais do organismo, além de que, na maioria dos casos, o Mestre da Medicina doava energia ao doente (passes de fundo material).

Tais tratamentos, não só eram e são utilizados pela medicina oriental como também são recomendados como tratamento na Medicina Homeopática.

Hahnemann, o Pai da Homeopatia, os recomendava como formas de tratamentos mais avançados, quando os medicamentos não surtiam o efeito previsto ou até mesmo como tratamento em paralelo.

Hahnemann alertava que o aplicador de passes deveria ter características especiais, como mente e corpo sadio, preparação e predisposição para o trabalho de doação fluídica.

Entretanto, caso ainda assim o Mestre da Medicina Oriental não conseguisse o seu intento, o doente era chamado e inteirado das condições em que se encontrava, e de que a sua cura só poderia advir do seu equilíbrio com o meio e com os seus semelhantes, uma vez que os seus males eram produtos de sua própria maneira de ser.

Esta medicina que aqui apresentamos não é utilizada nos meios corriqueiros, uma vez que passes muitas vezes trazem a ideia ao povo de curandeirismo supersticioso.

Estes tratamentos de características científico-espirituais são praticados nas Casas Espíritas; entretanto, seu ponto mais importante está na Escola de Evangelho.

A Escola de Evangelho que tivemos a oportunidade de conhecer através da Aliança Espírita Evangélica, nos apresenta exatamente aquela continuidade de tratamento para quando os problemas não são simplesmente físicos, quando os nossos males são o reflexo dos nossos pensamentos, dos nossos defeitos.

Ela nos traz o caminho mais fácil, não só de curarmos o nosso corpo, mas o nosso Espírito; ela nos traz Jesus, e a prática de seus ensinamentos.

A Escola de Evangelização não é, como se poderia pensar, aulas de religião, mas a continuidade de um tratamento de que há muitas encarnações estamos precisando.

É a medicina que o Homem esqueceu; a medicina do Espírito.

O Trevo - nº 97 - pág. 4 - Março/1982

Verdadeira Assistência

Hélio Caruzo Júnior

Assistir, ou dar assistência, significa ajudar, amparar, consolar, conforme nossos dicionários. Portanto, podemos nos remeter à paradoxal questão de qual é a melhor assistência: dar peixe ou ensinar a pescar? Diríamos que depende: há momentos em que um é mais necessário que o outro, porém não se podem esquecer os ensinamentos, o esclarecimento, o conhecimento das verdades espirituais, que são para sempre, enquanto o peixe é temporal, tal qual é paliativo o passe.

Concordamos que, às vezes, dar o peixe é muito importante. Como cuidar de crianças abandonadas em tenra idade ou dos incapacitados, como os idosos também abandonados? Ensinando-os a pescar? Mas são exceções, e falamos de assistência material.

Isto significa que a verdadeira e perene assistência é aquela que mostra o caminho, que procura facilitar ou tornar menos doloroso o aprendizado que a aflição proporciona, e isto se adquire pela instrução, conhecimento e práticas espiritualmente saudáveis.

Além disso, a assistência nas Casas espíritas consiste em: recepcionar bem, tornar o ambiente agradável sem perder a disciplina, esclarecer, envolver fraternalmente, para que haja cada vez mais satisfação do assistido em frequentar o local.

Sabedores da importância da real assistência, que consiste em proporcionar crescimento espiritual pelo conhecimento transmitido, concluímos que devemos canalizar nossos esforços para a melhoria da qualidade do aprendizado que destinamos aos assistidos, e não na complexidade dos passes que lhes aplicamos, além de buscarmos melhorar continuamente o ambiente no qual os recebemos, o que requer reciclagem constante dos métodos de recepção e encaminhamento, ratificando todo este esforço com nossos exemplos de fraternização.

Para a realização destes objetivos nas Casas Espíritas, é fundamental o sentimento que dedicamos a esta tarefa, o que, além de se tratar da reforma de cada um, formará o ambiente coletivo ou vibração de cada um.

O Trevo - nº 407 - pág. 10 - Junho/2009

Verdadeira Cura é pela Evangelização

Milton Antunes Martins

Considerando-se o que já foi dito podemos, agora, estabelecer a seguinte divisão para os trabalhos práticos, tendo em vista suas próprias finalidades:

1) TRABALHOS DESTINADOS A REALIZAR A FINALIDADE PRINCIPAL.

2) TRABALHOS DESTINADOS A REALIZAR AS FINALIDADES SECUNDÁRIAS.

Já sabemos, nesta altura, que os trabalhos a que se refere a primeira divisão são os da evangelização, enquanto que os da segunda, são todos aqueles que se efetuam, normalmente, nos centros Espíritas e demais agrupamentos que praticam a Doutrina. (*Prática Mediúnica*, cap. 2, julho/2002)

Muito se fala sobre 'volta às origens'. Reforço tal coro abrindo o artigo com a citação acima, real espelho de como Armond tratava o tema desde os primórdios. Processos de cura pelos passes padronizados indubitavelmente são **importantes,** mas não **essenciais.** Por serem importantes, não dispensam estudo, reciclagens e pesquisa séria. Mas isso não pode suplantar nossa devida dedicação às atividades principais, sob pena de nos desviarmos do elevado ideal.

Propala-se que o público atual é diferente do que ia aos Centros em 1940/50. Diferente sim, em suas manifestações, mas com as mesmas necessidades, ou seja: carência de vivência Cristã.

Como disse Razin à Armond "O homem ainda não conhece o evangelho. Precisamos apresentar Jesus à humanidade", deixando bem claro o que nos cabe realizar como discípulos de Jesus.

Não aprimorando a prática das atividades principais, mostramos que as relevantes lições recebidas na EAE não "calaram em nossa alma". Lembremos-nos da aula 57, onde fica claro a inspiração de João ao compreender que "*precisamos cuidar da palavra do Senhor*"; e também do ensino de Paulo (em *Paulo e Estevão*): *"... mas **a iluminação do Espírito deve estar em primeiro lugar**. Se o homem trouxesse o Cristo no íntimo, o quadro das necessidades seria completamente modificado. **A compreensão do Evangelho e da exemplificação do Mestre renovaria as noções de dor e sofrimento**. O necessitado encontraria recursos no próprio esforço, o doente sentiria, na enfermidade mais longa, um escoadouro das imperfeições;... os obstáculos da vida seriam amados como corrigendas benditas de Pai Amoroso a filhos inquietos."*

Assim, evidencia-se qual deve ser a conduta dos que se tornam Discípulos de Jesus em nossas Escolas.

Ao público de hoje, assolado por depressões e síndromes diversas, devemos sim acudir. Contudo, a Doutrina Espírita é clara: o Espírito precisa, antes de tudo, de esclarecimento.

Em nossa zona consciente podem desembocar graves complexos, expressando no corpo as 'dores da alma'. Ante as provas ou expiações do presente, surgem conteúdos emocionais pretéritos que disparam essas 'dores', lembrando o que precisa ser tratado.

O panorama moderno é angustiante, abala o Ser Eterno, aturdindo seu senso de direção e de escolha. Esquecido do que veio fazer na Terra, tem suas iniciativas de reação enterradas pelas demandas imediatistas.

Os passes beneficiam, porém não bastam. A fonte da doença não está no corpo. Necessário o foco no Ser Imortal, que hoje transfere seus males às células físicas. Uma vez esclarecido e modificado, passará a transmitir saúde.

Tantas patologias atuais apenas expressam a distância do Espírito em relação à Lei de Evolução, chamando-o a rever as próprias atitudes. Uns atendem ao reclamo. Outros desanimam e fogem, aumentando-se-lhes a dor.

Busquemos a excelência na Assistência Espiritual, estudando sim e, sobretudo, aplicando corretamente os passes padronizados que a Espiritualidade nos legou, mas priorizando a verdadeira cura que só ocorre pela Evangelização do Ser.

O provérbio manda ensinar a pescar, não a dar o peixe. Mas há casas que, buscando ampliar a entrega do peixe, hoje se deparam com um paradoxo: a **exigência** do público que quer não só o peixe, mas também *as fritas, os molhos e as saladas*.

O Trevo - nº 489 - pág. 7 - Março-Abril/2018

O Exorcismo no Espiritismo

Ney Prieto Peres

O Espiritismo é, entre todas as religiões, aquela que surgiu do estudo sistemático das manifestações dos Espíritos, nos seus mais diferentes aspectos, vindo a constituir, desse relacionamento, um conjunto doutrinário de sólidas bases e profundo alcance moral.

Todos os fenômenos ocorridos de forma incomum, onde, pela sua própria natureza, patenteada está a atuação de entidades incorpóreas, compreendem o campo de estudo e da prática do Espiritismo. Portanto, é talvez a religião que, de forma mais objetiva e simples, guarda um enorme acervo de experiências nessa área de fenômenos.

As experiências, em grande número de casos, onde, nas reuniões e nos trabalhos de desobsessão, têm-se dialogado com entidades endurecidas no sentimento ou, se quiserem, de comportamento violento, e até mesmo de características diabólicas, mostram que todo e qualquer Espírito, de um modo geral, pode ser tocado nas suas fibras mais sensíveis, levando-o ao arrependimento e ao encaminhamento em novos rumos dos planos espirituais.

O que se pretende conseguir não é apenas o afastamento da entidade endemoniada, mas também o seu esclarecimento e o cessar dos seus erros. É um trabalho de caridade que se realiza nas reuniões de desobsessão, ajudando simultaneamente a vítima encarnada e o Espírito obsessor.

Procura-se transmitir à entidade palavras objetivas, tentando, num diálogo fraterno, demovê-la, despertando-a para o reconhecimento dos seus males, envolvendo-a com o auxílio dos Espíritos amigos nas vibrações de amor que atingem a sensibilidade da entidade, levando-a, muitas vezes, ao arrependimento do que tem feito de perverso.

Evidentemente, muitas vezes não há sequer condições de diálogo com certas entidades de aguçada inteligência, cristalizadas no domínio e no comando de batalhões de Espíritos trevosos. Nesses casos, durante as reuniões de grupos bem preparados para trabalhos desse tipo, apenas se realiza o progressivo envolvimento vibratório à distância, com emissões de sentimentos de profundo amor, na direção do Espírito endurecido.

Os passes aplicados dentro de uma técnica, onde os fluidos pesados são dissociados, ajudam grandemente na limpeza das impregnações magnéticas daquelas entidades nocivas que, atuando sobre os centros de força, bloqueiam o fluir das energias sutis alimentadoras do Espírito e do corpo.

A consolidação do atendimento nesse campo espiritual se fará, no entanto, conduzindo a criatura em libertação para edificar, com o seu próprio comportamento evangélico (conscientizando-a da necessidade de combater os pensamentos e os sentimentos inferiores), as estruturas sutis, protetoras das investidas que possam ocorrer de outras fontes. Os sentimentos nobres elevam os padrões vibratórios, colocando a criatura em níveis mais altos, fora do alcance dos nossos irmãos mais infelizes. É o encaminhamento natural da criatura para as Escolas de Aprendizes do Evangelho.

Cremos ser este o processo, substitutivo do exorcismo católico, que o Espiritismo vem utilizando com resultados objetivos, no recolhimento daquelas ovelhas desgarradas, ao grande rebanho do Nosso Sublime Pastor.

O Trevo - nº 13 - pág. 4 - Março/1975

O medo das Trevas

Casa de Timóteo

O desconhecimento da verdade leva-nos a comportamentos terrivelmente errôneos.

Jesus disse: “Conhecereis a verdade e a verdade vos libertará”. Mas, muitos se acomodam na ideia de, ao partirem deste mundo, desfrutar do sonhado reino dos céus, na companhia de anjos, não faltando o conforto de um rei, ao som de suaves melodias etc. e tudo graciosamente oferecido.

Algumas pessoas procuram a casa espírita na tentativa de libertar-se dos seus problemas, angústias, dificuldades financeiras e outras preocupações.

Nosso propósito é esclarecer que a casa espírita é uma oficina, onde somos favorecidos pelo trabalho e aprendizado, em busca do aprimoramento espiritual, cujos seguidores encontram melhora à medida que conquistam a reforma interior, curando e fortalecendo seu próprio Espírito. E, à medida em que encontramos o aperfeiçoamento, sintonizamos melhor as forças celestiais nos oferecendo proteção e amparo.

Existem pessoas que, quando lhes indicamos a Escola de Aprendizes do Evangelho, parece que estamos oferecendo um copo de óleo de rícino ou de sal amargo.

Recentemente uma jovem senhora, ao receber nossas orientações, após passar pela pesquisa e, constatada a necessidade de ser convidada a frequentar a Escola de Aprendizes, nos disse: "Imagine se para ser espírita é preciso tudo isto". Ao que respondemos: "Na verdade não é preciso isto para ser espírita, mas muito mais para ser verdadeiramente espírita, e especialmente quando se tem compromissos na mediunidade, oferecendo portas abertas para a execução da cobrança por parte de entidades menos esclarecidas, como seu caso."

Ao falar de entidades das trevas, todos tremem nas bases. Ninguém quer saber delas, citando até um 'Deus me livre' em voz alta. Perguntamos então: quem são os Espíritos das trevas? Por que tanto pavor deles?

É necessário o conhecimento da verdade para nos libertarmos das fantasias, conquistando maiores condições para analisar e encarar a realidade com trabalho e dedicação. Sem aquisição dos méritos seremos Espíritos sem luz, e quem não tem luz está em trevas. Portanto somos os Espíritos das trevas.

Como a cada um é dado segundo o seu merecimento, recebemos as trevas que merecemos.

O Trevo - nº 115 - pág. 2 - Setembro/1983

Água Limpa

Quem não tem boa água a beber, outro remédio não achará senão beber da má.

Mas que, tendo alguém a boa água cristalina e pura, a vá procurar, turva e imprópria, é muito de se estranhar.

Fala Cristo em fontes de água viva correndo para a vida eterna.

Para que buscar a água fatal que conduz à morte do Espírito, à sua paralisia, ao desenvolvimento inadequado de faculdades mediúnicas?

De que vale a conquista de favores e bênçãos que se não merecem?

De que vale a limpeza perispiritual forçada, se é que realmente limpa?

Se por um lado limpa, por outro suja; prejudicada fica a ficha espiritual do desavisado que, em se intitulando Kardecista, a procura; agrava-lhe ainda o carma e os futuros resgates pelo adiamento indevido.

O Trevo - nº 75 - pág. 2 - Maio/1980

Esclarecimento

Doutrinação - Edgard Armond

P – Numa sessão espírita é obrigado doutrinar Espíritos?

R – Não é obrigatório tal trabalho, a não ser que se torne absolutamente indispensável. O sistema clássico das doutrinações por quaisquer motivos, como se fora uma praxe, pode ser substituído, com amplas vantagens, por trabalhos mais simples e mais rápidos. Há uma série de práticas que devem ser utilizadas antes que se chegue a essa necessidade extrema.

Um grande número de perturbações e envolvimentos espirituais pode ser eliminado com essas práticas mais simples, mais diretas, mais dinâmicas e mais concordantes com o vulto que tomam hoje os trabalhos das casas espíritas, onde o tempo disponível para cada caso se torna reduzido.

O Trevo - nº 33 - pág. 2 - Novembro/1976

O Trabalho de Desobsessão

Valentim Lorenzetti

Ainda é muito usado nos meios espíritas o termo 'doutrinação', aplicado ao trabalho de assistência a Espíritos desencarnados nas chamadas sessões de desobsessão.

É claro que não nos devemos prender às palavras, à letra, porém sentimos, muitas vezes, que o termo 'doutrinação' é empregado com um certo desrespeito ao irmão desencarnado, onde desponta a vanglória do chamado 'doutrinador'. É justamente sobre esta situação que gostaríamos de expor nosso ponto de vista.

Quando nos propomos a doutrinar alguém, nos consideramos superior a esse alguém. Achamos que somos doutrinadores e que o outro –pobre criatura– deve ser por nós encaminhado na vida. Adotamos aquela posição de "o que é bom para mim, é bom para todo mundo", o que não é correto. Pois, sabemos que cada criatura tem seu programa de experiências visando ao aprendizado que leva, sempre, a um maior amadurecimento espiritual.

Quem somos nós para doutrinar? Lembramo-nos da advertência de Jesus a Pedro: "quando te converteres, converte a teus irmãos". Isto é, quando melhoramos o nosso procedimento, estaremos melhorando o procedimento daqueles a quem nos dirigimos ou com quem nos relacionamos. O problema, portanto, não é de doutrinar, é de vivenciar. E não nos parece um bom vivenciador do Cristianismo aquele que fica obrigando o outro a ouvi-lo numa doutrinação muitas vezes palavrosa e destituída de emoção.

Doutrinar, no sentido de nos colocar numa situação superior, é ofender o assistido –seja ele encarnado ou desencarnado–. Cabe-nos simplesmente assisti-lo, assistir àqueles que nos buscam, dando-lhes inicialmente o apoio de uma vibração harmoniosa, ampliada pela prece sentida e não apenas balbuciada. Querer doutrinar aquele que nos procura é diminuí-lo, é dizer-lhe o quanto o achamos 'errado' num momento em que ele precisa de apoio carinhoso para reerguer-se. Tenhamos em mente que ninguém abraça o mal por satisfação; existem sempre razões –às vezes radicadas nas profundidades de encarnações pretéritas– que levaram o indivíduo para o caminho do mal.

Espíritos desencarnados que são trazidos ao centro espírita para os trabalhos de desobsessão são irmãos em busca de paz. Por mais ignorante que seja ele (e, por isso mesmo, dedicando-se ardorosamente ao mal), o carinho com que é recebido no Centro será, sem dúvida, um ponto de luz plantado na escuridão de seus sentimentos ou de seu raciocínio. Ora, se assim que ele chega a nós, começamos a 'doutriná-lo', impondo-lhe as nossas condições sem ouvi-lo, sem ouvir seu desabafo, estaremos rejeitando-o claramente. O irmão se sentirá rejeitado, se sentirá como em seu próprio meio, onde os 'chefes' mandam e os subordinados obedecem.

Sempre nos causou mal-estar ouvir companheiros dizerem-se 'doutrinadores'. Existem até pessoas que são conhecidas pela sua habilidade em 'doutrinar', isto é, em 'falar bonito' com o infeliz companheiro desencarnado. Antes de tudo deve o companheiro que se dedica à sessão de desobsessão ter seu "nome inscrito no céu", como ensinou Jesus. Isto é, deve esforçar-se por viver o Evangelho, pois vivendo-o, as irradiações de seu coração convertido serão luz branda envolvendo o desencarnado infeliz. E a doutrinação será quase que silenciosa da parte do encarnado, será uma postura de amor e entendimento ao sofrimento do outro.

Melhor será o nome de 'trabalhador' da desobsessão, sem qualquer diferenciação entre os membros de um grupo de trabalho desse tipo. Pois, sabemos que é o ambiente da sessão que contribui para a modificação da entidade, e não o tempo gasto em palavras. Existem sessões de desobsessão em que não há necessidade nem de incorporação do sofredor no médium; basta apenas a harmonia vibratória do ambiente, para que o Espírito comece o processo de reeducação. Pois, não tenhamos dúvida, palavras não convencem; é preciso algo muito mais profundo e emocional, para tocar as entidades que nos buscam a assistência.

(...)

O Trevo - nº 91 - pág. 6 - Setembro/1981

Espiritualização do Ambiente da Casa Espírita

Em Seminário abordando o tema à epígrafe, conduzido pela então Setorial Norte da Capital, e após diferentes atividades e dinâmicas aplicadas em três módulos, foi publicado o relato das conclusões como segue.

A conclusão foi de que, se a Espiritualidade Superior atua sempre no propósito de levar os participantes de uma Casa Espírita a construir um ambiente espiritualizado, então o trabalho para atingir esse objetivo é dos encarnados.

A seguir, o consenso dos principais pontos abordados no Seminário:

– Postura física: discrição

– Postura mental: disciplina

– Postura espiritual: amor –constituído pelo exercício constante do respeito, carinho, consideração, solidariedade e fraternidade–, base de construção, dentro da Casa Espírita, da tão desejada e nem sempre compreendida mística.

O Trevo - nº 309 - pág. 28 - Março/2000

Sedes das casas espíritas

Edgard Armond

Respondendo a carta de um confrade que se refere à pobreza das sedes espíritas, convindo melhorar sua apresentação pública e social, respondemos:

O Espiritismo –que é o Cristianismo revivido em nossos dias– não necessita de suntuosidade e riquezas em suas sedes sociais, por várias razões, mas, sobretudo, porque não faz distinções entre seus adeptos, aceitando e beneficiando a todos indistintamente; e também porque a maioria deles é a mais necessitada e sempre a mais humilde, e se sentiria constrangida na frequência, visto que a suntuosidade se tornaria ela mesma um elemento de separação.

Sedes confortáveis sempre que possível, mas modestas e acolhedoras, eis o mais aconselhável, conveniente e compatível com a própria finalidade da Doutrina, sobretudo no setor religioso, que é o da Aliança Espírita Evangélica.

A grandiosidade que devemos procurar, em nosso atraso espiritual atual, é a escalada evolutiva pela reforma íntima, aproximando-nos um pouco mais de Jesus – o divino redentor humano.

O Trevo - nº 65 - pág. 4 - Julho/1979

Assistência Espiritual - Preparação e Comportamento dos Trabalhadores

Geraldo A. Valente

Em trabalho de assistência espiritual, a preparação do ambiente é o que vai determinar a qualidade do trabalho.

O plano Espiritual Superior faz a preparação do ambiente com certa antecedência.

Quando chegarmos, devemos estar preparados ou pelo menos termos o desejo de sermos ajudados pelos mentores, em nossa preparação.

Como o plano espiritual já preparou o ambiente, é importante que os médiuns e os trabalhadores em geral, ao chegar, sabendo disso, procurem respeitar, recolhendo-se intimamente, esforçando-se para entrosar-se mentalmente e fluidicamente com os bons Espíritos; libertando-se de pensamentos e fluidos negativos para usufruir os benefícios do ambiente já preparado.

Cumprimentar os companheiros e companheiras que o antecedem, com um sorriso ou um aceno, ou mesmo com um aperto de mãos, sem barulho e sem expansividade exagerada; sentar-se no lugar indicado pelo dirigente, como o soldado do Cristo, disposto a tudo fazer para bem desempenhar sua tarefa.

No tempo que durar entre sua chegada e o início do trabalho, ficar meditando sobre temas evangélicos, ouvindo com atenção a leitura de preparação, na ausência desta lendo mensagens ou o próprio Evangelho. Não podemos nos esquecer que os maus pensamentos entram nas horas vazias, e nas mentes vazias o 'capeta' faz tricô.

Ao participar da prece de abertura e da preparação conjunta, fazê-lo com a maior fé, com máximo amor de seu coração. Na reativação dos 'chacras' colocar as mãos nos centros de força corretamente. Devemos ter condições de ajudar os companheiros que não tiveram como nós melhor oportunidade de preparar-se para o trabalho.

O passe padronizado é cientificamente dosado e deve ser feito com os olhos abertos para atingirmos os locais certos (os chacras); a duração pode chegar a um minuto, o tempo de orar um Pai-Nosso normalmente.

A cada criatura que você e seu grupo atender, desdobrar-se em carinhosa doação. Que seu coração receba cada um como se fosse sua grande tarefa do dia. Como é a sua grande tarefa do dia, deve ser feita da melhor maneira, com muito amor.

Vigie o seu padrão vibratório, vigie seu ânimo, sua fé e até as suas doações, para que em momento algum você trabalhe como AUTÔMATO. Cada gesto seu para com o assistido tem que ser seguido de vibrações intensas de amor, e desejo sincero de ajudá-lo.

Ao participar da prece de encerramento, agradeça pela oportunidade do trabalho e também por já ter condições de ajudar nossos irmãos carentes. Não devemos nos esquecer de que executando o trabalho com amor e alegria, estaremos resgatando nosso passado através do amor, ao invés da dor.

Ao retornar ao lar você estará leve, feliz, pois o trabalho do dia foi só vitória e foi todo alegrias em nome de Jesus.

O P-3B

A Assistência Espiritual 'P-3B' não é um trabalho só de vibração e muito menos de Cromoterapia. Se o Grupo Mediúnico encaminha o assistido para o 'P-3B' é porque faz-se necessário atender as entidades que o acompanham. Às vezes precisamos atingir o lar do assistido, para assistir as entidades que geralmente fogem quando o assistido chega ao centro. Precisamos vibrar muito amor e luz para atingir o objetivo. Quando um médium recebe um Espírito, os demais do grupo devem envolvê-lo com amor e luz e dar-lhe apoio e sustentação.

O Trevo - nº 194 - pág. 8 - Abril/1990

As causas do sono em reuniões mediúnicas

Diretrizes de Segurança - 53 - J. Raul Teixeira

As causas podem ser várias. Desde cansaço físico, quando o indivíduo que vem de atividades muito intensas e que, ao sentar, ao relaxar, naturalmente é tomado pelo torpor da sonolência.

Também pode ser causado pela indiferença, pelo desligamento, quando alguém está num lugar fisicamente, entretanto, pensando em outro, desejando não estar onde se acha. Compelido por uma circunstância qualquer, a pessoa se desloca mentalmente.

O sono pode, ainda, ser provocado por entidades espirituais que nos espreitam e que não têm qualquer interesse em nosso aprendizado para o nosso equilíbrio e crescimento, muitas vezes os companheiros questionam: "Mas nós estamos no Centro Espírita, estamos num campo protegido, e como o sono nos perturba?" Temos de entender que tais entidades hipnotizadoras podem não penetrar o circuito de forças vibratórias da instituição, ficam do lado de fora. Mas a pessoa que entrou no Centro, na reunião, não se sintonizou com o ambiente, continua vinculada aos que se conservam fora e, através dessa porta, desse 'plug' aberto, ou dessa tomada, as entidades que ficaram lá de fora lançam seus tentáculos mentais, formando uma ponte. Então, estabelecida a ligação, atuam na intimidade dos centros neuronais desses incautos, que dormem, que se 'desdobram', conforme dizem: "Eu não estava dormindo... Apenas me desdobrei, eu ouvi tudo..." Eles viram tudo o que não fazia parte da reunião. Foram fazer a viagem com as entidades que os narcotizaram.

Deparamo-nos aí com distúrbios graves, porque, quando termina a reunião, o indivíduo está fagueiro, ótimo e sem sono e vai assistir à 'Coruja da Madrugada', depois de se haver submetido aos fluidos enfermiços. Por isso recomendamos àqueles que estão cansados fisicamente, que façam um ligeiro repouso antes da reunião, ainda que seja por poucos minutos, para que o organismo possa se beneficiar do encontro, para que fiquem mais atentos durante o trabalho doutrinário. Levantar-se, borrifar o rosto com água fria, colocar-se em uma posição discreta, sempre que possível ao fundo do salão, em pé, sem se encostar, a fim de lutar contra o sono.

Apelar para a prece, porque sempre que estamos desejosos de participar do trabalho do bem, contamos com a eficiente colaboração dos Espíritos bondosos. "Faze a tua parte que o céu te ajudará".

Temos, então, o sono como esse terrível adversário de nossa participação, de nosso aprendizado, de nosso crescimento espiritual. Não permitamos que ele se apodere de nós. Lutando o quanto conseguirmos, e deveremos conseguir sempre, para termos bons frutos no bom aprendizado.

O Trevo nº 308 - pág. 28 - Fevereiro/2000

Esclarecendo (Passes)

Edgard Armond

P – A propósito de umas publicações contra os passes, que tenho lido, e como fundador de um centro espírita que se preza de muito bem orientado no interior, pergunto ao irmão se tem fundamento essas publicações. É favor esclarecer.

R – O ato individual de cura pela imposição de mãos é um gesto misto de fé e autodesenvolvimento psíquico, raramente praticado pelos seres encarnados e mais próprio de entidades espirituais de alta condição, capacitadas a concentrar e projetar, sobre os doentes, poderoso volume de energias curativas.

Por isso esses passes não podem ser generalizados nas práticas espíritas, porque o Espiritismo é uma doutrina de ação larga e desembaraçada no seio dos necessitados, utilizando recursos de plena acessibilidade.

É Doutrina de esclarecimento e libertação em relação ao mal e à ignorância, de combate a crendices e superstições populares, próprias de um planeta como o nosso, de expiações e de provas, com uma humanidade espiritualmente retardada e carente, que exigem processos e práticas de resultados eficientes e de fácil acesso.

Os passes estudados, experimentados e estabelecidos na Federação Espírita do Estado, desde o início de sua organização em 1940, preenchem todas estas condições, tanto do ponto de vista religioso como científico.

Utiliza a imposição de mãos tanto no início como no fim das aplicações e promove a devida concentração de energias curativas, canalizando-as para os órgãos doentes através os canais naturais, próprios da constituição psicofísica humana, com largas aberturas para a participação dos benfeitores espirituais que colaboram nos trabalhos.

Por isso foram aceitos e generalizados, sendo hoje largamente praticados em nosso país e outras nações estrangeiras, satisfazendo plenamente as necessidades da propagação da Doutrina e às necessidades dos doentes, cujos organismos se beneficiam dos bons resultados obtidos.

O Trevo - nº 74 - pág. 4 - Abril/1980

Assistência Espiritual Infantil

Sandra Pizarro

A Assistência Espiritual Infantil nas casas da Aliança é realizada, normalmente, no mesmo dia em que ocorre a Evangelização Infantil, ou seja, antes ou depois das aulas de moral cristã, tendo como base a Doutrina Espírita.

O passe é parte complementar, e não a principal, do processo de equilíbrio físico e espiritual proporcionado aos pequenos, desde o nascimento até o período dos 12 anos de idade. Não é por isso que deva ser improvisado, e sim, necessário que seja preparado com toda atenção e dedicação como qualquer atividade realizada em nome de Jesus.

Observamos que muitas vezes os desequilíbrios físicos e espirituais na criança são decorrentes de causas próprias da idade ou devido a infestações espirituais no ambiente em que ela vive. Estes são recursos utilizados pela espiritualidade como um chamamento para os pais, alertando-os sobre a necessidade de buscar o Evangelho como roteiro de vida ou reavivando antigos compromissos reencarnatórios. Sendo assim, a Assistência Espiritual Infantil exige condições especiais para ser realizada.

"O tratamento para as crianças depende de organização especial porque elas não devem ser misturadas com adultos cujas vibrações e fluidos mais pesados lhes seriam nocivos à sensibilidade", comenta Edgard Armond no cap. 3 da obra *Prática Mediúnica.*

O ambiente deve ser o mais purificado possível, pois os passistas voluntários vão lidar com energias muito sutis, aplicando-as nas crianças que, como sabemos, até aproximadamente os 7 anos, estão estreitamente ligadas à espiritualidade, firmando a atual encarnação com o amparo dos mentores.

Quem já participou na sala de passes para adultos e na sala de passes para crianças, consegue perceber a diferença de vibração, a suavidade das energias que são manipuladas. Portanto, a preparação do ambiente e do passista para realizar este trabalho é de suma importância.

Outro ponto fundamental para um bom resultado na Assistência Espiritual Infantil é o tratamento dos próprios pais, que deve constar de aplicação de passes (em outro momento que não coincida com o passe infantil), da sustentação encontrada na Escola de Pais com as reflexões, intercâmbio de experiências com o grupo, o esclarecimento e a vivência evangélica.

O passe é um elemento poderoso na profilaxia espiritual e auxílio na manutenção da harmonia, mas ele, por si só, não realiza as transformações necessárias para a evolução do Espírito.

Que todos nós, evangelizadores, possamos utilizá-lo de maneira adequada, aproveitando os seus benefícios para mais facilmente tocarmos os corações dos pequeninos para a vivência do Evangelho.

O Trevo - nº 443 - pág. 13 - Junho/2012

O TREVO - OUTROS TEMAS

Não se paga só com dinheiro

Valentim Lorenzetti

Com certa frequência tomamos conhecimento da atuação de médiuns mercenários, que cobram altas somas por benefícios que dizem prestar utilizando suas faculdades mediúnicas. Isto ocorre particularmente no campo das curas de doenças físicas, já que o doente moral (como a maioria aqui encarnada) considera-se sempre uma pessoa sadia.

Quem procura, acha. A quem bate se lhe abrirá. Quem procura médium que promete tudo a troco de dinheiro, sem dúvida encontrará. Quem bate em porta de casa de marimbondo não espere ser recepcionado por borboletas...

Contudo, o dinheiro é apenas uma das formas de se cobrar pela assistência. Existem outras formas, que, nem por isso, deixam de ser imposição ou troca. Por exemplo: o médium (ou o Espírito que se comunica por ele) exige compromisso do beneficiário; compromisso de frequentar esta ou aquela casa. Às vezes até compromisso de frequentar esta ou aquela religião, designando o programa que o beneficiário deve seguir.

Isto é imposição. É dirigir a vida do outro de forma autoritária, num momento em que o outro se sente à mercê do médium ou do Espirito. Uma espécie de demonstração de superioridade, que não é característica do Espírito superior.

É claro que os Espíritos esclarecidos procuram fazer com que aqueles que os buscam possam refletir acerca das possibilidades de crescimento que todos nós temos à frente. Mas, daí a designar (e até a impor) este ou aquele procedimento, vai uma longa distância.

"Vá e não peques mais", costumava dizer Jesus àqueles que eram beneficiados pela sua ação restauradora. Cada qual que analisasse em si mesmo, com a luz do Divino Amigo, que tipo de pecado (erro deliberado) vinha cometendo. De que forma deixar de pecar, também é assunto particular. Jesus não indicava caminhos particulares; apenas relacionava doença com erro; a partir daí, cada um que escolhesse continuar doente ou são.

Ah, sim, Jesus ensinou alguns métodos de cura: desprendimento dos bens materiais e amar a Deus e ao próximo. De que forma? De mil formas exteriores, o importante é que na essência estejamos exercitando desprendimento e amor.

Por isso devemos ficar alertas quando vemos um médium exigindo, como 'pagamento' pelo serviço prestado, que o beneficiário frequente este ou aquele centro. Impor condições não é método utilizado pelos Espíritos Superiores; eles sabem que a própria vida, de forma natural, imporá suas condições.

O Trevo - nº 152 - pág. 2 - Outubro/1986

Férias Espíritas

Albino Teixeira - Chico Xavier

Dedicamos aos companheiros espíritas algumas sugestões para o tempo de férias.

Viajar, se possível, no rumo de instituição consagrada à assistência, cooperando, por alguns dias, no tratamento de irmãos em provas maiores que as nossas, como sejam os obsidiados em posição difícil ou os doentes semidesamparados.

Devotar-se à pregação ou à conversação doutrinária, nos lares de caridade pública, onde estejam irmãos hansenianos, tuberculosos ou portadores de moléstias que requisitem segregação.

Auxiliar, de algum modo, os que jazem nos cárceres.

Ensinar os princípios espíritas evangélicos nas organizações doutrinárias mais humildes, comumente sediadas na periferia de cidades ou vilas, colaborando na sementeira da Nova Revelação.

Executar um programa de visitas fraternas aos paralíticos, cegos, enfermos esquecidos ou agonizantes no local de residência.

Observar com respeito e discrição o ambiente doméstico das viúvas em abandono, enumerando sem alarde as necessidades materiais que aí se destaquem e atendendo-as, quanto seja possível.

Contribuir com algum serviço pessoal para a segurança e o conforto do templo espírita que nos beneficia, quais sejam a pintura ou renovação de paredes, a restauração de utilidades, a reparação de livros edificantes ou tarefas concernentes à ordem e à limpeza em geral.

Reunir material de instrução doutrinária, tais como jornais e impressos espíritas, distribuindo-os em prisões e hospitais onde permanecem irmãos desejosos de mais amplos conhecimentos.

Costurar para os necessitados, principalmente no sentido de melhorar a rouparia de orfanatos, creches e lares outros de assistência espírita-cristã.

Preparar o enxoval para algum pequenino, em vias de renascer nos distritos de penúria e sofrimento.

Criar a alegria de um enfermo, largado ao próprio infortúnio, ou de uma criança que a provação situou em constrangedoras necessidades.

Pense nas suas férias e não permita que a sua oportunidade de elevação venha a escapar.

O Trevo - nº 41 - pág. 4 - Julho/1977

O TREVO - ESPIRITISMO

Gratuidade

S. Xavier

Ao tempo de Allan Kardec havia médiuns que cobravam por seus serviços, fato que ocorre ainda hoje, fora dos ambientes espíritas.

O Codificador jamais trabalhou com médiuns pagos, expondo, em *O Livro dos Médiuns*, as razões dessa atitude, dentre as quais destacamos as seguintes:

1) É moralmente inaceitável, constituindo-se verdadeira profanação, exibir os desencarnados através da mediunidade, para ganhar dinheiro.

2) Os principais agentes dos fenômenos espíritas –os Espíritos– são inteligências livres que sempre deram provas de sua independência, não estando, pois, às ordens do médium para exibições a qualquer hora. Em consequência os fenômenos poderiam não ocorrer quando o médium mais desejasse.

3) Nessas ocasiões seria grande a tentação de substituir pela fraude o que a realidade não oferecesse, o que, diga-se de passagem, acabou por ocorrer com vários médiuns que aceitavam remuneração.

4) Lembra ainda Allan Kardec que viver da mediunidade poderia atrair pessoas aparentemente simples que achassem mais fácil e mais cômodo esse meio de ganhar a vida do que trabalhando.

O Codificador foi, assim, categórico ao tratar dessa questão: "Não ignoramos que a nossa severidade com os médiuns interesseiros levanta contra nós todos os que exploram, ou se veem tentados a explorar essa nova indústria, fazendo-os, bem como os seus amigos, que naturalmente lhes esposam a opinião, encarniçados inimigos nossos... Entretanto, julgamo-nos no direito de ter uma opinião e de a emitir... Se uma imensa maioria a esposou, é que aparentemente a acharam justa, porquanto, não vemos, com efeito, como se provaria que não há mais facilidade de se encontrarem a fraude e os abusos na especulação do que no desinteresse. Quanto a nós, se os nossos escritos hão contribuído para desacreditar, assim na França, como em outros países, a mediunidade interesseira, entendemos que esse não será dos menores serviços que tenhamos prestado ao Espiritismo sério". (*O Livro dos Médiuns*, cap. 28, item 313).

Graças a essa orientação, desde o início adotada pelos espíritas brasileiros, está bastante difundida em nosso país a ideia de que pessoas e instituições que cobram por seus serviços não são espíritas, embora possam se apresentar como tais. Por outro lado, não nos sendo lícita qualquer crítica no terreno pessoal, é perfeitamente válido que reafirmemos essa característica do trabalho espírita autêntico a fim de que aqueles que o procuram saibam como identificá-lo.

O Trevo - nº 307 - pág. 5 - Janeiro/2000

Espiritismo e as Religiões Afro-Indígenas

Jorge Luiz de Azevedo Cardoso

É muito comum ainda, no decorrer de nosso cotidiano, ao dizermos a um amigo que somos espíritas, a confusão com as chamadas religiões afro-indígenas, principalmente a Umbanda. Um culto religioso respeitado pelos espíritas, bem como todos os outros. Contudo, ela não é Espiritismo. Aqueles que confundem a Umbanda com o Espiritismo se apegam a pontos em comum entre as duas religiões. São eles: o fato de ambas serem espiritualistas, o princípio da comunicabilidade entre os planos material e espiritual, e a aceitação da reencarnação.

Todavia a Umbanda tem culto material, rituais, vestimentas específicas, imagens, altares, pontos riscados e denominações totalmente especiais para médiuns e Espíritos que não existem no Espiritismo. Além dessas diferenças gritantes, a Umbanda não se rege pela codificação de Allan Kardec. Portanto está claro que, embora espiritualista e com características mediúnicas, a Umbanda não constitui variante nem modalidade do Espiritismo.

Por isso é muito importante compreender que Espiritismo é um só. É um equívoco dizer que se é espírita kardecista, para se diferenciar de outras religiões igualmente espiritualistas, pois não é possível conceber Espiritismo sem a obra de codificação de Allan Kardec. Para que possamos fixar ainda melhor as diferenças entre Espiritismo, Umbanda e as religiões afro-indígenas, é necessário que se comente um pouco a história dessas religiões.

História

O Brasil é fruto da miscigenação entre brancos, negros e índios. Através desse convívio, sempre com o domínio político, econômico e social dos brancos, modelaram-se as gerações brasileiras, deixando de pai para filho o legado etnocultural, recebido e retrabalhado com o tempo. O Catolicismo do branco português, gozando do privilégio de religião oficial, veio ao Brasil fortemente vinculado aos valores culturais europeus. A religião indígena e, sobretudo, a do escravo negro, consideradas fetichistas, eram inadmissíveis e deveriam desaparecer. Graças ao desconhecimento, por parte dos brancos, dos idiomas falados pelos negros e ao disfarce dos cultos através dos santos da Igreja Católica, a religião do negro pôde ser cultuada.

Estes fatos propiciaram a manutenção dos ritos e práticas culturais negras já que o branco, mal distinguindo uma dança ritual de uma profana, tolerava-as pensando em seus próprios interesses. A experiência mostrava que os negros produziam mais, quando se lhes permitia certa liberdade à maneira de sua nação. Essa concessão garantiu a perpetuação dos valores africanos, tanto os culturais quanto os religiosos.

Culto em segredo

Mesmo após a abolição da escravatura, os cultos eram feitos em segredos, mas isso, por si só, não fornecia proteção suficiente para a sobrevivência dessas práticas. As investidas da polícia podiam a cada instante interromper o cerimonial e, portanto, era preciso dissimular o máximo possível. Assim, o lugar em que eram prestadas as oferendas era disfarçado de altar católico, decorado com flores de papel e toalhas brancas, estátuas e figuras de santos, os quais eram os que mais se aproximavam das divindades verdadeiramente adoradas nas seitas.

Entre 1940 e 1960 surgem a Umbanda e a Quimbanda, frutos da divisão da Macumba, nome original dos ritos africanos cultuados no Rio de Janeiro e São Paulo, pois os ritos tinham diferentes nomes em cada região do Brasil. Com forte influência indígena, Pajelança, na região amazônica; Tambor ou Casa de Mina, em São Luiz do Maranhão; Xangô, em Pernambuco; Candomblé, na Bahia; Cabula, no Espírito Santo; e Batuque no Rio Grande do Sul.

A Umbanda de um lado manteve os princípios básicos da Macumba, porém com traços da Doutrina Espírita e Católica, levados por adeptos brancos simpatizantes de classe média. A Quimbanda, de outro, com os adeptos negros fiéis aos princípios básicos da Macumba.

O Trevo nº 313 - pág. 22 - Julho/2000

Esclarecendo o IBGE

A Federação Espírita do Estado do Rio de Janeiro enviou ofício à Fundação IBGE demonstrando estranheza acerca de dois subitens do formulário do Recenseamento no tocante ao 'culto espírita'. Referido formulário pede informações da seguinte forma: Ramo espírita a que pertence: 1. Kardecista; 2. Umbandista.

Esclarece o ofício da Federação que Espiritismo e Umbanda não se confundem, e expõe as origens do Espiritismo a partir da codificação levada a efeito por Allan Kardec. Após demonstrar sucintamente o que é a Doutrina Espírita, conclui com ensinamento de Deolindo Amorim:

"Consequentemente, tanto na teoria quanto na prática, a Umbanda e o Espiritismo estão situados em campos distintos, não podem ser a mesma coisa, como geralmente se diz. A distinção entre Umbanda e o Espiritismo, aliás muito clara, não impede, todavia, que haja respeito mútuo, espírito de compreensão e tolerância, sem ser necessário chegar-se ao extremo de forçar a fusão de crenças e práticas divergentes".

O Trevo - nº 82 - pág. 2 - Dezembro/1980

O TREVO - ALIANÇA

Tratamentos da Série "T"

Em 01/07/1994, Jacques Conchon respondeu a uma consulta acerca dos tratamentos T1 e T2 que estavam sendo praticados em algumas Casas da Aliança.

(...)

"... temos a aclarar o seguinte:

01. A questão encontra-se bem exposta nas antigas edições do *Trabalhos Práticos de Espiritismo*.

02. Recordando a vivência que tivemos na Federação Espírita do Estado de São Paulo, ativamente, na década de 60, expomos os itens sequentes.

03. Existiam os tratamentos que poderemos chamar convencionais (T1, T2 e T3) e os tratamentos especializados (série Pasteur: P1, P2, P3, sendo o P3 desdobrado em 3A... 3E).

04. Os tratamentos convencionais consistiam de:

T1 para doenças de fundo material,

T2 – para desequilíbrio de ordem espiritual,

T3 – choque anímico.

05. Em 1973, na época da constituição da Aliança, o comandante Armond, diante da expansão que se prenunciava, anteviu a necessidade de uma simplificação para viabilizar a uniformidade (padronização).

06. Assim, todos os esforços foram concentrados na série Pasteur, que se limitou ao P1, P2, P3 e no choque anímico.

07. O Pasteur 3 limitou-se ao 3A e ao 3B.

08. Assim sendo, os "Tratamentos": T1, T2, T3 foram abolidos, exceção feita ao T3, que passou a ser denominado choque anímico.

Com os votos de Paz e Alegria...

Jacques"

As diversas casas espíritas que adotaram, após 1973, o programa da Aliança passaram por uma fase de adaptação de normas e terminologias.

Aproveitamos este espaço nO Trevo para comentar alguns aspectos do assunto, no intuito de ampliar a discussão e favorecer a simplicidade do nosso programa.

A citada obra *Trabalhos Práticos de Espiritismo*, de autoria de Edgard Armond, foi escrita em 1954, portanto 19 anos antes da fundação da Aliança. Foi reeditada posteriormente, com atualizações, pela Editora Aliança. Inicia por uma introdução e um sintético e importante 'Enunciado', após o que seguem-se seis capítulos: Finalidades Gerais do Espiritismo, A Divisão dos Trabalhos, Trabalhos Destinados a Realizar a Finalidade Principal, Trabalhos Destinados a Realizar as Finalidades Secundárias, Recomendações Úteis e Esquema Semanal.

O livro reflete a organização dos trabalhos, como proposta pelo Comandante Armond, no início da década de 50. Inclusive a Escola de Aprendizes do Evangelho ainda não constava com esse nome, no cap. III, sendo denominada naquela obra de 'Sessões de Evangelização'.

Desejamos ainda acrescentar que, compulsando outra obra muito interessante (e não reeditada) de autoria de Armond, intitulada *Curas Espirituais*, datada de 1967, constatamos justamente o momento de transição, pré-Aliança, onde se mencionava ainda os tratamentos comuns, ali abreviados por T.C., com menor utilização e não mais subdivididos em T1, T2, T3. E também a série Pasteur, que ali já figurava, mas sendo estes passes ainda denominados "Especializações" e suas subdivisões com nomenclatura provisória (G1, G2, G3 e G4).

Acreditamos que tais informações tenham hoje um valor histórico, permitindo-nos compreender a evolução do processo de assistência espiritual, até chegar na forma adotada pelo programa da Aliança, proposto em 1973. Tal processo é inteiramente baseado na obra *Passes e Radiações*, cuja primeira edição data de 1950, mas que foi inteiramente reorganizado em 1976, de modo a refletir a proposta do programa.

Entendemos assim que, entre o período de 1950 a 1976, as diversas casas espíritas que atuavam sob as diretrizes da FEESP e adotaram também, após 1973, o programa da Aliança, passaram por uma fase de adaptação de normas e terminologias, visando justamente à simplificação e uniformidade pregadas pelo Comandante. A força do hábito, entretanto, entre os trabalhadores mais antigos, pode explicar a permanência de uma terminologia em desuso.

Entretanto, fica bastante claro que, em nosso programa atual, empregamos os passes da série Pasteur (P1, P2, P3A, P3B, P4A, P4B), acrescidos do Choque Anímico, este último não mais com o nome de T3, mas sim abreviado por CH.

O Trevo - nº 246 - pág. 5 - Dezembro/1994

Fiquemos com Kardec
Relembrando o Comandante

Jacques A. Conchon

Não chegara a ocorrer tumulto, mas as notícias trazidas pelo Espírito deram ensejo a comentários diversos e a entusiastas proposituras de novos programas.

Houve até quem fosse buscar na literatura histórica, baseada no passado, a justificação da reforma proposta pelo plano espiritual. Alguns grupos, em clima de mistério elitista, testavam o método, com resultados 'alvissareiros'.

Não sabíamos bem do que se tratava, mas ao longo das reuniões, tanto falaram em práticas hinduístas, e exaltaram certos grupos egípcios, que o grande quadro de Kardec, sobre a tribuna, parecia emanar desapontamento e frustração.

Quando, lá pelas tantas, nos disseram que em breve o sistema seria propagado por toda a Aliança, não conseguimos disfarçar a preocupação. De lá saímos e ligamos para o Cmt. Armond.

"— Diga a eles –falou-nos com voz firme– que o espiritualismo é muito vasto e seu estudo é fascinante, contudo, para executarmos com segurança a tarefa que nos foi proposta, devemos ficar com Kardec. Que seja a Doutrina Espírita a nossa luz diante dos naturais devaneios da alma." Desligou com um fraterno cumprimento.

E como ficam aqueles que insistem em acusar o Cmt. Edgard Armond de conspurcar o Espiritismo com práticas e ideologias antagônicas ao mesmo?

O Trevo - nº 111 - pág. 1 - Maio/1983

Apelo aos Grupos Integrados

Edgard Armond

O que o Plano Espiritual espera de todos nós quando inteirados estamos no esforço de difusão do Evangelho de Jesus? Espera que a Aliança seja em breve tempo uma instituição padrão, modelar, de iniciação espírita evangélica em nosso Estado.

E não é este, porventura, o nosso próprio desejo?

Vemos a todo instante o trabalho intenso de propaganda que desenvolvem as correntes religiosas, inclusive as mais austeras e tradicionais, nos templos, nos lares e nos logradouros públicos, na tentativa de arregimentar novos crentes às suas fileiras duramente afetadas pela decadência que lavra no mundo, em todos os setores das atividades humanas.

Referindo-nos particularmente à Aliança Espírita Evangélica, o que no momento mais necessitamos é reafirmar nossos propósitos e ideais da primeira hora, em termos de compreensão, unidade e execução, para mantermos inalteráveis a sua estrutura e seus programas, e atingirmos, sem perda de tempo, as suas finalidades básicas, com perfeição e segurança.

Essas finalidades e programas não comportam dúvidas interpretativas ou executivas, porque são simples, claros e justos, pois se baseiam inteiramente no espírito e na essência do Evangelho de Jesus, que todos nós respeitamos e lutamos para realizar em nosso íntimo e na nossa vida pública, restando somente, então, que os companheiros se integrem neles, se devotem em testemunhá-los com coragem, corações abertos e limpos e disposição firme de vencer a batalha contra o mal e contra si mesmos.

Na atual desorientação religiosa do mundo, avulta o valor daqueles que se mantêm nos seus rumos sem temores, firmemente, por saberem que vão amparados pelo amor e pelo poder Daquele que é o Caminho, a Verdade e a Vida...

Lutemos para que a família espírita cristã permaneça isenta de confusões e dúvidas e assim estaremos preparados para vencer os terrores, as divisões pessoais e doutrinárias, os tropeços e o desenfreio das fraquezas morais que os agentes do mal exploram impiedosamente, no afã de destruir as realizações de amor evangélico, levantadas pelos que seguem Jesus.

Tudo isso forma as dificuldades e as barreiras a vencer nas provações coletivas que caracterizarão o transcurso do século para o advento do 3º milênio cristão.

Os que permanecerem serão os trabalhadores que o Divino Cordeiro apartará para a vida na próxima terra de promissão, que será este nosso pais.

O elevado ideal que animou a todos na criação da Aliança, consolida-se hoje, quando já bem grandes e valiosos são os frutos dessa inspiração.

Portanto, o pensamento de todos nós deve ser este: o que criamos ontem, porque quisemos, defenderemos hoje, porque devemos. Este pensamento marcará a vitória nos dois planos, com as bênçãos do Divino Condutor.

O Trevo - nº 45 - pág. 1 - Novembro/1977

Mensagem aos Grupos - II

Alterações de Trabalhos Práticos - Edgard Armond

Após estudos demorados e longas experiências de dezenas de anos, estabelecemos um rol de trabalhos práticos doutrinários para curas, desenvolvimento mediúnico, iniciação evangélica, cursos de formação de dirigentes e outros.

Essas práticas foram aprovadas pelo Plano Espiritual diretor do movimento espírita em nossa área de ação estadual onde, como seria natural que acontecesse, difundiram-se por outras partes.

Ao fundar-se a Aliança Espírita Evangélica, em dezembro de 1973, foi proposto e aceito que os Grupos Integrados teriam liberdade de ação administrativa cabendo, porém, à cúpula da Aliança a orientação e controle das práticas referidas, o que vem sendo feito até o presente.

É fácil de compreender que estas condições formassem a base estatutária da instituição e também que aqueles que a ela se integrassem, principalmente aqueles que a constituíram, honrassem seus compromissos lutando pela sobrevivência, expansão e progresso da entidade sendo-lhes vedado, todavia, alterar essas práticas por iniciativa particular.

Fácil também de perceber que a segurança da Aliança está em grande parte dependendo da unidade dessas práticas que, pela sua **coordenação, sequência, propriedade e eficiência** largamente comprovadas, suportam, por si mesmas quaisquer críticas e, mais que isso, qualquer diversidade de opinião pessoal, e não se modificarão senão por consenso geral, visando à própria melhoria, naturalmente, após novos estudos e experimentações devidamente autorizadas e competentes.

Por isso alterações particulares de pessoas ou mesmo de grupos atentam e põem em risco a estabilidade funcional e doutrinária da Aliança que, nestas circunstâncias, passaria por instituição desorganizada, sem unidade de doutrina e de direção.

Nos dias que vivemos, as forças do mal estão cada vez mais ativas e audaciosas e a Aliança, pela sua própria natureza e finalidades, é alvo para esses ataques que, como sempre ocorre, tentam abalar os pilares das instituições, promovem desentendimentos entre trabalhadores e dirigentes, ou despertam ambições pessoais de mando, sugerindo iniciativas divergentes e utilizando médiuns menos vigilantes que, porventura, lhes abrem portas (favorecedoras ou favoráveis?)

Isto é o que sempre desejam estas forças negativas, quando encontram terreno favorável na incompetência, na desordem mas, sobretudo, na falta de um ideal maior que funcione como fator unitivo, inabalável, que não falta aos trabalhadores da Aliança.

Mas necessitamos do apoio, da boa compreensão e da boa vontade de todos, para assegurarmos à Aliança completo êxito em suas meritórias e transcendentes atividades, na expansão do Espiritismo evangélico em nosso Estado.

Esperamos que os Grupos permaneçam no seu exemplar testemunho mantendo a unidade, a cooperação e o integral devotamento à Instituição, para que não sejamos nós, seus próprios trabalhadores, que coloquemos obstáculos à sua marcha, sobrecarregando-nos de uma culpa tão grave pelo retardamento da difusão e da exemplificação do Evangelho do Divino Mestre, sob cuja bandeira de paz, de amor e de trabalho, realizamos, todos nós, nosso humilde esforço neste abençoado país que é o nosso.

Tudo vai bem na Aliança, árvore benigna cuja fronde viceja e se robustece dia a dia, ao calor do afeto e da esperança de muitos, na cooperação construtiva e alentadora dos G.I. que formam sua resistente e flexível estrutura funcional.

O Trevo - nº 44 - pág. 1 - Outubro/1977

Tranquila Expectativa

Jacques André Conchon

Mal disfarçando a sua preocupação, um companheiro nosso compareceu ao Escritório Central da Aliança desejoso de conversar um pouco conosco.

Como um dos fundadores da Aliança, que esteve presente no memorável dia 4 de dezembro de 1973, externava a sua inquietude, aliás muito justificada, diante dos grupos que se distanciam do nosso programa de trabalho até, como em alguns casos, chegarem a um desligamento.

— Qual deve ser a nossa atitude? – indagou.

Parafraseando um amigo espiritual, manifestamo-nos:

— De tranquila expectativa.

Temos plena consciência de que esforços não têm sido poupados no oferecimento de nossa cobertura uniforme a todos os grupos, que, por sinal, estão a par de tudo.

A verdade é que para atingirmos uma Aliança verdadeira torna-se indispensável a **despersonalização**, sem a qual jamais poderemos atingir a fusão de todos num resultado único.

É fácil compreendermos que os vínculos espirituais numa Aliança podem, dentro de certos limites, variar em intensidade e até mesmo em entendimento, e continuarão a existir se a diretriz básica não for abalada.

Via de regra o que tem ocorrido pode ser enumerado nos seguintes tópicos:

O grupo **A** começa a divergir em sentimento e interpretações, o que deve ser respeitado, é claro. O nosso ideal é a vivência evangélica através das possantes alavancas que a Terceira Revelação nos proporciona. O grupo **A**, citado, pode, com toda honestidade optar, por exemplo, pelo aprofundamento científico ou embrenhar-se em tergiversações filosóficas – é uma opção que merece todo respeito.

O grupo **B** acha que pecamos por falta, é necessário algo mais, do qual somente ele é detentor. É evidente que a essa altura o conceito de Aliança vê-se esfacelado, contudo, também não podemos nos opor às decisões de dirigentes capazes.

E assim, de uma forma ou de outra, ocorre o esperado expurgo, pois nem todos guardam afinidade com essa comunhão de pensamentos, e prosseguirão em outras linhas de trabalho.

Tranquila expectativa é a nossa posição, cientes de que os autênticos hão de continuar.

O Trevo - nº 42 - pág. 1 - Agosto/1977

O Espírita acima do Espiritismo? Relembrando o Comandante

Jacques A. Conchon

Naquela manhã, em um dos nossos encontros rotineiros das sete horas, entabulamos interessante conversação com o companheiro Flávio em torno do carisma, esse halo misterioso de graça divina, que sutilmente se instala, envolvendo servidores de Jesus.

Em sua etiologia temos o público observador que, não compreendendo o trabalho consciente de humilde obreiro, veem-no como grande missionário possuidor de dons celestiais, esquecendo-se de enxergar, no companheiro, a alma em evolução que a duras penas cumpre rigoroso programa para seu erguimento espiritual, resgatando pesadas dívidas no bem que faz ao próximo.

Concluímos que, havendo invigilância, todos estamos sujeitos a esse despertamento da vaidade e do orgulho.

Tudo o que dissemos foi muito bem aclarado pelo nosso Cmt. Armond, naquela mesma tarde, quando expúnhamos as nossas inquietações diante do complexo problema.

— "De um lado –disse-nos– estão os construtores do carisma, e a ação deletéria dos elogios e das lisonjas. Do outro, a aceitação do trabalhador, por invigilância. São os dois componentes necessários para esse processo de declínio espiritual com graves comprometimentos."

E conclui: — "Basta não o aceitemos e nos coloquemos em nosso lugar como obreiros endividados em busca da redenção, e estaremos, assim, livres desse fantasma que tem o desastroso poder de colocar o espírita acima do Espiritismo."

O Trevo - nº 112 - pág. 8 - Junho/1983

O porquê da padronização dos Passes

Milton Martins

Mateus 24:15 - "Quem lê, entenda."

Em contato com o modelo de trabalho da AEE no início dos anos 80, ficamos deslumbrados pelo estudo do livro *Passes e Radiações*.

O afastamento de antigos colegas de atividade não nos demoveu da ideia de implantar tal modelo. Até que um companheiro conhecido pela sua ponderação nos perguntou se estávamos convictos da necessidade de implantar tais trabalhos, já que mudavam completamente nosso modo de atuar dentro do Espiritismo.

Não bastaria estudar as obras básicas e atender amorosamente os necessitados que nos procurassem?

Preocupado em responder a mim mesmo essa pergunta busquei refletir sobre o tema e foram algumas semanas de inquietação até chegar às conclusões abaixo.

Os passes padronizados têm o aval do Plano Espiritual Superior ou trata-se apenas de iniciativa humana sujeita a falhas e desvios?

Fácil responder, vez que coordenou a Equipe Espiritual do trabalho o cientista francês Louis Pasteur, lembrado pelas notáveis descobertas das causas e prevenções de doenças. Em nossas pesquisas posteriores, em nenhum outro modelo encontramos semelhante aval.

Os atuais avanços da medicina e da física contrariam as informações contidas nesse livro?

Vê-se que as atuais descobertas em anatomia, fisiologia e na física explicam e corroboram a técnica padronizada de onde e como atuar na emissão de energias, considerando-se tempo, distâncias e posições.

O estudo das obras de magnetizadores, que vão de Mesmer a Albert de Rochas, indicam erros ou imprecisões na aplicação dos referidos passes?

Não, e não é difícil deduzir que Armond 'bebeu nesta fonte' pois os movimentos apresentados (transversais, longitudinais, circulares, imposições de mãos) foram descobertas desses pesquisadores.

Abaixo, texto de Armond (em *O Trevo* - out/77 - ver a íntegra) aos Grupos que se integraram à Aliança e seu Programa. Exorta-os intensamente a zelar pela padronização e uniformidade das práticas, concitando-os a que:

"... honrassem seus compromissos, lutando pela sobrevivência, expansão e progresso da entidade sendo-lhes ***vedado, todavia, alterar essas práticas por iniciativa particular****. Fácil, também, de perceber que a segurança da Aliança está em grande parte dependendo da unidade destas práticas que, pela sua coordenação, sequência, propriedade e* ***eficiência largamente comprovadas,*** *suportam, por si mesmas, quaisquer críticas e, mais que isso, qualquer diversidade de opinião pessoal, e não se modificarão senão por consenso geral, visando à própria melhoria, naturalmente, após novos estudos e experimentações, devidamente autorizadas e competentes. Por isso alterações particulares de pessoas ou* ***mesmo de grupos*** *atentam e põem em risco a estabilidade funcional e doutrinária da Aliança que, nestas circunstâncias, passaria por* ***instituição desorganizada****, sem unidade de doutrina e de direção."*

"... Esperamos que os Grupos permaneçam no seu exemplar testemunho, mantendo a unidade, a cooperação e o integral devotamento à Instituição, para que não sejamos nós, seus próprios trabalhadores, que coloquemos obstáculos à sua marcha..."

Os passes por nós ministrados, se exercidos com estudo, maestria e consciência, atentos à nossa reforma íntima e aos cuidados com o próprio corpo, revelam, pelos resultados, a desnecessidade de incorporarmos práticas alheias ao Programa legado pelo Plano Espiritual.

Armond inicia seu texto, informando que o Programa foi estabelecido *"Após estudos* ***demorados*** *e* ***longas*** *experiências de* ***dezenas*** *de anos..."* e que *"Essas práticas foram aprovadas pelo Plano Espiritual diretor do movimento espírita..."*

Interessante notar que a concordância exigida para a **melhoria** do programa deve ser, por sua vez, também antecedida de algo: estudos e experimentações devidamente autorizadas pelo consenso. Quem lê, entenda.

O Trevo - nº 484 - pág. 7 - Maio-Junho/2017

Práticas inspiradoras

Cristina Ferreira

Em uma de suas acepções, 'inspirador' é aquilo que nos empolga e que, por isso, tendemos a eleger como modelo ou referência, momentaneamente ou por tempo maior. Podem ser inspiradores uma pessoa, uma prática, um filme, livro ou poema. Atribuímos tal adjetivo ao que nos encanta e é capaz de originar ou alimentar um sonho ou ideal.

Num grau maior, é algo com potencial de mobilização, motor a impulsionar efetivas realizações, retirando-nos da inércia.

Isso que nos desperta tal nível de atenção, o faz por encontrar afinidade com nossos conteúdos psíquicos, emocionais e intelectuais, frequentemente de modo imprevisto e não racional.

Estratégias de marketing utilizam-se do mecanismo para produzir em nós determinados efeitos e reações que planejam.

Sob o prisma da vida espiritual, é de nossa incumbência assenhorearmo-nos desse processo psíquico pela via do autoconhecimento, observando as próprias tendências quanto ao que nos atrai e incita.

Herdeiros de nós mesmos, ainda portadores de paixões primárias, é fácil nos enredarmos no ilusionismo das aparências - vetor para a porta larga referida por Jesus.

Não raro, a propensão ao que é sedutor tem como correlatos a ânsia por novidades, a fuga rumo aos modismos, e as adaptações acomodatícias.

Armond tinha extrema vigilância sobre si mesmo e sobre seus compromissos. Ao falar sobre a estrutura de atividades da Aliança noticiava (Trevo 44): ***"Após estudos demorados e longas experiências de dezenas de anos,*** *estabelecemos um rol de trabalhos práticos doutrinários para curas, desenvolvimento mediúnico, iniciação evangélica, cursos de formação de dirigentes e outros."*

Judicioso e autoexigente na edificação erigida sob apelo do Plano Convite, despiu-se de qualquer personalismo e renunciou a criações cerebrinas ou voluntariosas, em atitude e prática realmente inspiradoras.

No texto, acrescentava que *"... alterações particulares de pessoas ou mesmo de grupos, atentam e põem em risco a estabilidade funcional e doutrinária da Aliança que, nestas circunstâncias passaria por Instituição desorganizada, sem unidade de doutrina e de direção."*

E alertava para as forças negativas que *"... promovem desentendimentos entre trabalhadores e dirigentes, ou despertam ambições pessoais de mando, sugerindo iniciativas divergentes e utilizando médiuns menos vigilantes que, porventura, lhes abrem portas favorecedoras ou favoráveis."*

Além dos aspectos que o tema relaciona no mundo material, consideremos ainda as devidas implicações no plano invisível.

No cap. 36 do livro *Mediunidade* estudamos que *"... é pela porta larga da mediunidade que os falsos profetas dos planos invisíveis intervêm no cenário da vida humana."*

E ainda que *"... Espíritos malévolos aproveitam-se da mediunidade para suas realizações e muitas vezes conseguem dominar comunidades humanas inteiras,..." sempre apelando para as paixões humanas do interesse, da vaidade ou do egoísmo; ... e fingindo-se bons, vão aos poucos dominando o ambiente e as consciências e se não forem, em tempo oportuno, reconhecidos e desmascarados, arrastarão a muitos por caminhos tortuosos..."*

Entramos, assim, noutra acepção do vocábulo 'inspiração': o processo de receber ideias e pensamentos de outrem, seja encarnado ou desencarnado, superior ou inferior, bom ou mau. No espectro correspondente podemos ir desde as mais sublimes concepções artísticas aos diferentes estados de obsessão, incluindo a fascinação.

Novamente é o autoconhecimento que nos permite distinguir entre o que pertence ao nosso Ser e o que é de influência exterior, e também propicia descobrirmos por que carreamos para nós experiências nem sempre construtivas, facultando-nos, então, mudarmos nosso campo de atração.

Práticas que nos inspiram à mobilização de energia, despertando-nos o fascínio, ou até diligência e esforço, revelam-nos o patamar em que está nosso discernimento, e o grau de compromisso e fidelidade aos princípios que, como espíritas, um dia esposamos.

O Trevo - nº 491 - pág. 7 - Agosto/2018

O TREVO - COMPROMISSO MEDIÚNICO

Compromisso Mediúnico

"*Reformador*", Maio 1985 - pág. 9 - Yvonne A. Pereira

A correta aplicação das forças mediúnicas proporciona ao seu portador inefáveis alegrias e incomparável bem-estar.

Para conseguir esse cometimento faz-se necessário que a vida moral do medianeiro corresponda à gravidade e elevação do compromisso firmado.

A mediunidade é campo de ação relevante, no qual se semeiam hoje para colheita próxima as valiosas messes de luz, ou onde se segam as culturas anteriores, normalmente assinaladas por cardos e dissabores...

Viajor do tempo em sucessivas etapas evolutivas, o Espírito é o programador da sua vida, seguindo, embora, no ramo do fatalismo da felicidade, que é a sua etapa final.

Comprometido com o processo de elevação da Terra, experimenta os condicionamentos a que se submete, cabendo-lhe arrebentar os elos que o retêm na retaguarda do estágio primitivo.

A mediunidade propicia-lhe oportunidade de realizações enobrecedoras, em benefício dele próprio como do seu próximo.

Imprimindo no corpo a faculdade mediúnica, por necessidade de crescimento, tem deveres que o prendem ao trabalho, mediante o qual se aprimora e se eleva.

O exercício salutar e consciente das forças mediúnicas, no entanto, somente é possível quando o homem se propõe encarar a vida com seriedade, sabendo que empreendimento de tal monta impõe definição de comportamento e dedicação irrestrita...

Certamente, não se deve alienar a criatura do convívio social, em cujo clima demonstra a excelência da conduta, superando-se mediante o equilíbrio e exemplificando, graças a cuja atitude demonstra a sua fibra moral e religiosa.

Referimo-nos ao médium de convicção espírita, que hauriu conhecimentos nas fontes inesgotáveis da Doutrina Espírita, compreendendo que, sem responsabilidade, qualquer tentame redunda sempre em fracasso ou desastre.

O médium espírita firma o seu proceder no estudo que lhe dá segurança, encarregando-se de elucidar as interrogações que constituem necessidades filosóficas e éticas, fundamentais para a decisão e direção que deve aplicar à existência.

Ao lado desse estudo, sistemático e permanente do Espiritismo, deve incorporar as disciplinas morais, porquanto faculdade mediúnica em ação, sem controle rigoroso, assemelha-se a veículo em velocidade com freio danificado.

A mediunidade convoca a uma vida de reflexões, interiorizada, em frequente sintonia com o mundo parafísico, donde se recebem inspiração e apoio.

Quando essa vinculação não se faz lúcida com as Mentes Superiores, é inevitável o automatismo que leva a sincronizar com aquelas que são enfermas e perturbadas, dando origem a processos obsessivos e conúbios prejudiciais.

Mente alguma que vibre permanecerá sem resposta equivalente.

Toda emissão de onda ressoa em campo de frequência semelhante.

O médium consegue, através do estudo, forças para se educar, libertando-se das imperfeições e influências malsãs.

Não nos referimos a leituras superficiais, apressadas, leves, mas ao aprofundamento da Codificação, ao exame das obras que lhe são complementares, tais as de Léon Denis –o emérito discípulo de Allan Kardec–, as de Gabriel Delanne, de Lombroso, de Aksakof, que constituem, especialmente as dos últimos referidos, o acervo científico comprobatório dos conceitos doutrinários...

Encarada com responsabilidade e vivida com elevação moral, exercitada com disciplina e colocada a serviço dos Guias Espirituais, a mediunidade produz resultados altamente compensadores, constituindo admirável instrumento de consolação, de saúde, de instrução, de paz.

Quando não, mantém-se irresponsável, frívola, incapaz de produzir com segurança, permanecendo em forma tormentosa, com oscilações, que degeneram em distúrbios comportamentais a um passo da loucura.

Não conduzida com o respeito e a consideração que merecem todas as faculdades e funções da vida, expressa-se como provação para o seu condutor e as comunicações se caracterizam pelos esgares, animismos, vulgaridades que não resistem à mais leve investigação responsável.

Por isso, há médiuns e médiuns, qual ocorre nas mais diferentes áreas do comportamento humano, em que há pessoas e pessoas...

Fala-se que o médium responsável sofre muito, o que parece atemorizar inúmeros candidatos à dedicação espírita.

Certamente, o sofrimento não é propiciado pela faculdade mediúnica, senão porque o Espírito é o devedor convidado ao resgate, mediante as percepções mediúnicas, como o seria em qualquer outra atividade a que se afeiçoasse.

Em toda parte onde se encontra o homem aí estão os seus problemas, conquistas e prejuízos.

Não se devem transferir os anátemas para as funções e tarefas de que se utiliza a criatura; antes é justo considerar que as dívidas pertencem ao ser, e este as resgatará onde quer que esteja, agora ou mais tarde.

A mediunidade é ponte cuja segurança depende do indivíduo que lhe é depositário. Sua resistência ou fragilidade decorrerá do material moral com que a revista o médium ao usá-la.

O exemplo máximo de comportamento mediúnico é o de Jesus, que se fez o instrumento de Deus no mundo, vivendo conforme a missão em que se encontrava investido.

Guardadas as proporções, os médiuns modernos, que são quais os profetas do passado, devem viver conforme a responsabilidade e a consciência de que se fazem intermediários, aprendendo, na renúncia aos gozos terrenos e na prática da caridade na sua expressão mais alta, a metodologia da elevação pessoal, para que um dia possam repetir, como Paulo, que já não são eles quem vive, mas o Cristo que nele vive.

O Trevo - nº 204 - pág. 4 - Fevereiro/1991

Mensagem final

Extraída da entrevista ao programa *Encontro Espírita* - Rádio Boa Nova - Guarulhos - SP - 24/07/1977) - Edgard Armond

O mundo atual está se aproximando de dias bastante impressionantes e decisivos na vida de cada um, porque nós sabemos que haverá um selecionamento espiritual desta humanidade ao termo deste século que é um fim de ciclo evolutivo. Neste caso acredito que quem veio para o Espiritismo numa hora destas, quem optou pelo Espiritismo, mostra que já está em condições de concorrer de uma forma mais confiante num selecionamento destes. Porém, como o Espiritismo é uma doutrina de ação e não de teoria, nem de crença cega ou fanática, acredito que só isso não basta. Então seria preciso que ele fosse espírita, e que fosse um espírita que desse testemunho da doutrina, e o testemunho da doutrina será dado no serviço aos seus semelhantes, porque acima de todas as regras e leis está aquela bem enfatizada por Jesus, que é de amar a Deus acima de todas as coisas e ao próximo como a si mesmo, e a fraternização da humanidade é o fim de toda a iniciação de cada um. Portanto, eu quero agora neste fim fazer um apelo a todos os espíritas para que cuidem fervorosamente da sua iniciação evangélica, não se satisfaçam com teorias que não resolvem problema nenhum. A prestação de contas que nós temos que fazer, após a morte será justamente essa, de saber até que ponto nós nos evangelizamos e o que podemos oferecer ao Divino Mestre Jesus, após essa vida na Terra, agora tendo à mão todos os elementos necessários para o seu esclarecimento. E faço um apelo também, da mesma forma intenso e profundo, aos espíritas que vieram para as Escolas de Aprendizes, que não negligenciem os ensinamentos que receberam e prossigam no seu trabalho de reforma íntima e autopurificação para que, dia por dia, trabalhem mais ou trabalhem menos, nunca deixando de trabalhar dia por dia, se tornem mais merecedores da aproximação com os reinos felizes dos mundos espirituais onde o Divino Mestre abre os seus braços a todos aqueles que ele já tentou redimir há 2.000 anos.

O Trevo - Edição Especial (50 anos de EAE) - pág. 12 - Maio/2000

TEMAS MEDIÚNICOS

Aliança

Mediunidade
Edgard Armond
16x23 cm | 224 Pág.

Um tratado completo sobre a faculdade mediúnica, abordando seus aspectos, desenvolvimento e utilização.

Passes e Radiações
Edgard Armond
16x23 cm | 160 Pág.

Métodos espíritas de cura e tratamento espiritual. Dinâmica dos movimentos do passe padronizado e suas aplicações.

Métodos Espíritas de Cura
Edgard Armond
14x21 cm | 128 Pág.

O funcionamento da mente e repercussões espirituais. Definição e classificação física das cores e sua identificação nas auras.

Desenvolvimento Mediúnico
Edgard Armond
14x21 cm | 80 Pág.

Um roteiro perfeito para o bom funcionamento da mediunidade. Aplicações dirigidas ao treinamento de novos médiuns.

Prática Mediúnica
Edgard Armond
14x21 cm | 192 Pág.

A realidade da prática mediúnica. Evolução de pesquisas e descrição dos trabalhos de assistência espiritual.